Metodologia do Ensino de Língua Portuguesa e Estrangeira

Esta coleção composta de oito títulos discute muitas das questões mais relevantes para aqueles que têm na língua seu objeto de estudo. Professores de Língua Portuguesa e de línguas estrangeiras modernas podem se beneficiar das várias metodologias de ensino contempladas na coleção, que traz, em uma multiplicidade de enfoques, densidade teórica e riqueza na proposição de estratégias pedagógicas dinâmicas. O estudante e o acadêmico da área também encontram nestes títulos teorias e discussões fundamentais em linguística, literatura e tradução.

Estudos Linguísticos: dos Problemas Estruturais aos Novos Campos de Pesquisa

Didática e Avaliação em Língua Portuguesa

A Didática do Ensino e a Avaliação da Aprendizagem em Língua Estrangeira

Produção e Avaliação de Materiais Didáticos em Língua Materna e Estrangeira

Compreensão e Produção de Textos em Língua Materna e Língua Estrangeira

Literatura, Expressões Culturais e Formação de Leitores na Educação Básica

Teoria e Prática da Tradução

Comunicação e Tecnologia no Ensino de Línguas

Ruth Rapaport

EDITORA
intersaberes

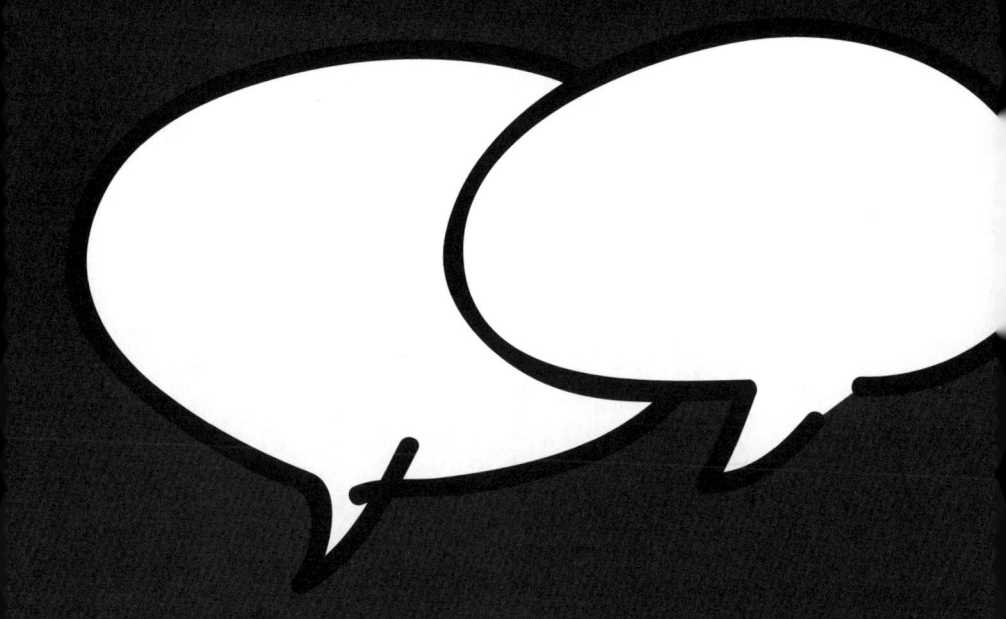

Comunicação e Tecnologia no Ensino de Línguas

Informamos que é de inteira responsabilidade da autora a emissão de conceitos.

Nenhuma parte desta publicação poderá ser reproduzida por qualquer meio ou forma sem a prévia autorização da Editora InterSaberes.

A violação dos direitos autorais é crime estabelecido na Lei nº 9.610/1998 e punido pelo art. 184 do Código Penal.

EDITORA intersaberes

Av. Vicente Machado, 317 . 14º andar
Centro . CEP 80420-010 . Curitiba . PR . Brasil
Fone: (41) 2103-7306
www.editoraintersaberes.com.br
editora@editoraintersaberes.com.br

Conselho editorial
Dr. Ivo José Both (presidente)
Drª. Elena Godoy
Dr. Nelson Luís Dias
Dr. Ulf Gregor Baranow

Editor-chefe
Lindsay Azambuja

Editor-assistente
Ariadne Nunes Wenger

Editor de arte
Raphael Bernadelli

Análise de informação
Patrícia Santos

Revisão de texto
Monique Gonçalves

Capa
Denis Kaio Tanaami

Projeto gráfico
Bruno Palma e Silva

Diagramação
Bruno de Oliveira

Iconografia
Danielle Scholtz

Dados Internacionais de Catalogação na Publicação (CIP)
(Câmara Brasileira do Livro, SP, Brasil)

Rapaport, Ruth
    Comunicação e tecnologia no ensino de línguas / Ruth Rapaport. – Curitiba: InterSaberes, 2012. – (Série Metodologia do Ensino de Língua Portuguesa e Estrangeira, v. 8).

    Bibliografia.
    ISBN 978-85-8212-129-0

    1. Comunicação 2. Linguagem e línguas – Estudo e ensino
I. Título II. Série.

12-07966   CDD-407

Índices para catálogo sistemático:
1. Linguagem e línguas: Linguística: Estudo e ensino   407

Foi feito o depósito legal.

1ª edição, 2012.

Sumário

Agradecimentos, 9
Apresentação, 11
Introdução, 15

Comunicação, 17

    1.1   A evolução da comunicação, 19

    1.2   A função e as formas da comunicação pessoal, 23

Síntese, 32

Indicações culturais, 32

Atividades de Autoavaliação, 33

Atividades de Aprendizagem, 34

Atividades Aplicadas: Prática, 35

Tecnologia, 37

2.1 A evolução da tecnologia, 39

2.2 A transmissão do conhecimento, 43

Síntese, 54

Indicações culturais, 55

Atividades de Autoavaliação, 55

Atividades de Aprendizagem, 58

Atividades Aplicadas: Prática, 58

O ensino de línguas, 59

3.1 Metodologia e abordagens do ensino de línguas, 61

Síntese, 95

Indicações culturais, 96

Atividades de Autoavaliação, 96

Atividade de Aprendizagem, 100

Atividades Aplicadas: Prática, 100

A comunicação e a tecnologia no ensino de línguas, 101

4.1 Introdução, 103

4.2 Breve histórico da comunicação e da tecnologia aplicadas ao ensino de línguas, 105

4.3 Sugestões de recursos tecnológicos contemporâneos aplicados ao ensino de línguas, 134

Síntese, 139

Indicações culturais, 140

Atividades de Autoavaliação, 140

Atividade de Aprendizagem, 143

Atividade Aplicada: Prática, 144

Considerações finais, 145

Glossário, 147

Referências, 149

Gabarito, 159

Nota sobre a autora, 161

Dedico este livro a todos aqueles que, como eu, acreditam que sempre há algo mais a ser aprendido.

Agradecimentos

Agradeço aos meus pais pelo apoio, pelas lições de vida e oportunidades de estudo; aos meus filhos, por compreenderem e apoiarem a busca pelo objetivo maior por trás das longas horas de trabalho; ao Prof. Paraná (apelido), que me convidou e insistiu ao telefone para que eu aceitasse participar de meu primeiro treinamento para professores de inglês; à Piri Szabó, minha irmã de coração; ao sr. Joaquim Guerreiro, que sempre insistiu que eu viesse a escrever um livro; à Maria Lúcia de Castro Gomes (Malu), que me lançou este agradável desafio; ao Grupo Uninter, que tornou possível a sua concretização; a todas as pessoas que direta ou indiretamente contribuíram com a minha jornada.

Apresentação

Sempre acreditei na necessidade de estar apaixonada pelos projetos nos quais me envolveria. Desta vez, a paixão veio depois de aceitar o desafio, mas nem por isso foi menos intensa.

Escrever um livro que retratasse um breve perfil da comunicação, da tecnologia, do ensino de línguas e da conjunção desses três elementos trouxe à tona uma gama de aprendizados colhidos e reforçados por meio de experiências pessoais e profissionais e ocasionou a busca por outros conceitos, referenciados no final do livro.

Explico. Filha de imigrantes alemães que vieram ao Brasil por um contrato de trabalho inicial de dois anos na área tecnológica – e que hoje somam 52 – vivi boa parte da infância em contato com alemães (naturalmente), um bom número de italianos, um casal espanhol e um vasto número de japoneses. O contato com brasileiros (falantes da língua portuguesa como é concebida no Brasil) só aconteceu quando comecei a frequentar a escola. É fato que, assim como os outros, tive de elaborar formas de compreensão mútua que, apesar dos esforços, nem sempre eram bem-sucedidas, causando algumas situações constrangedoras e outras absolutamente cômicas.

Devido ao trabalho de meu pai, sempre tivemos um vasto número de ferramentas e, inexplicavelmente, estas exerciam um fascínio sobre mim jamais superado pelos brinquedos – mesmo aqueles que eu mesma montasse. As possibilidades que o desenvolvimento tecnológico e a comunicação humana traziam eram absolutamente inebriantes e sempre me instigaram a querer saber mais e a testar novas combinações.

Viver em um contexto de completa diversidade cultural e, portanto, estar exposta a uma variedade linguística significativa (especialmente notória pelas estruturas, sonoridade, inflexões) fomentou a necessidade de aprimorar a capacidade de percepção, flexibilização, adaptabilidade, um crescente respeito pelo "diferente" e, principalmente, a necessidade de me comunicar com clareza e eficácia.

Essas características retornaram com maior evidência no ingresso na universidade, pois havia professores do Texas, EUA; de Oxford, Inglaterra, das Filipinas, um indiano, uma descendente de gregos, brasileiros de diversas partes do país e, posteriormente, na vida profissional na qual, conforme descrito na biografia, trabalhei em uma empresa japonesa, uma brasileira, uma francesa e com várias americanas, alemãs, canadenses, holandesas e multinacionais.

No primeiro capítulo deste livro, convido-o a viajar pela história da comunicação e de como a capacidade de percepção humana pode facilitar (ou não) o contorno de diversidades linguísticas e de valores.

O segundo capítulo apresenta um relato sobre o surgimento e o desenvolvimento da tecnologia, sua aplicação como transmissora de conhecimento em geral e, mais especificamente, voltada ao ensino de línguas.

O capítulo seguinte revisa o desenvolvimento do ensino de línguas, as premissas acerca de cada método e abordagem, e aprofunda o estudo do uso de recursos tecnológicos para o aprimoramento de uma melhor comunicação em língua estrangeira.

O quarto capítulo faz o enlace dos três anteriores por meio de uma breve retomada e discorre sobre o uso dos recursos tecnológicos atuais, mesmo que muitos ainda não sejam plenamente aplicados no Brasil.

O uso de expressões como *contudo, em contrapartida, para tal, da mesma forma* e outras deve-se à necessidade nata de poder analisar características, componentes e elementos sob diversos ângulos e perspectivas sem que, necessariamente, uma visão invalide a outra, mas de modo que isso, sim, venha a corroborar a riqueza da diversidade deste trabalho.

Vale também notar que esta não é uma obra fechada, uma vez que o surgimento de novos equipamentos e a utilização (ou mescla) de antigas e novas abordagens devem sempre obedecer ao bom-senso, permitir a adaptabilidade destes à realidade em que professores e alunos estão inseridos, aos objetivos e aos desejos de ampliação de conhecimento de todos os envolvidos no apaixonante processo de ensino-aprendizagem.

Introdução

Iniciando nossa viagem, convido-o a percorrer o histórico da comunicação humana e a consequente evolução das formas e técnicas utilizadas para tal.

A necessidade de se expressar sempre levou a humanidade a procurar, mesmo que inconscientemente, formas de fazê-lo de modo a atingir seus objetivos – imediatos ou em longo prazo. Seja por uma questão de sobrevivência ou de formação de sociedades (parcerias), o ensino e a aprendizagem de idiomas e linguagens têm acompanhado a evolução de todas as espécies.

Esta obra foi concebida mediante a necessidade de elaboração de um material condensado quanto à comunicação e às tecnologias no ensino de idiomas, o qual possibilitasse o desenvolvimento continuado de profissionais que já são graduados e atuam (ou não) como professores de línguas, bem como àqueles que desejam ampliar o embasamento teórico de sua prática diária.

O objetivo da revisão histórica apresentada em cada um dos capítulos é, portanto, facilitar o acesso a informações que talvez nem sempre estejam disponíveis no momento desejado e, também, favorecer uma maior amplitude informativa quanto a procedimentos em outras sociedades que não sejam a que nos encontramos inseridos.

As atividades de aprendizagem sugeridas ao final de cada capítulo visam despertar o interesse pela busca de informações complementares em áreas correlatas que nem sempre são abordadas durante os cursos de graduação. Esperamos que o conhecimento gerado por esta obra possa e seja, mesmo que involuntariamente, aplicado às relações comunicacionais do seu dia a dia, consolidando, assim, o aprendizado por meio da aplicação prática imediata.

Seus (futuros) alunos certamente notarão diferenças em suas abordagens e, queremos crer, vão se sentir mais motivados em sua busca por um aprendizado de idiomas que lhes permita uma interação realista, consistente e eficaz.

Capítulo 1

Houve um tempo em que um grunhido, um agitar de braços e uma expressão facial satisfaziam às necessidades de comunicação básica entre o ser humano e os membros de seu grupo. Como a transformação é parte natural e integrante de qualquer desenvolvimento, a forma de comunicação de nossos ancestrais também mudou, pois até os animais daquela época modificaram suas técnicas de caça e fuga.

Certamente você já percebeu que neste capítulo reveremos as principais formas e os marcos históricos da evolução da comunicação. Então, vamos a eles.

Comunicação

1.1 A evolução da comunicação

Falando dos nossos ancestrais, é de conhecimento comum que a identificação com iguais e a necessidade de sobrevivência e perpetuação da espécie fazem com que os seres vivos procurem se agrupar. Isso não só permite melhor defesa, uma vez que diferentes estratégias podem ser elaboradas, mas também propicia a formação de um núcleo de identificação para as gerações futuras.

Essa preocupação natural é revertida em ensinamentos que são transmitidos aos mais novos de diversas formas, como por meio do toque, do(s) olhar(es) – alguns valendo até mais do que um "puxão de orelha" –, de um suspiro e, claro, do tom da voz.

As adversidades daquela época e o desconhecimento de uma explicação racional para fenômenos naturais, como o eclipse e a chuva de meteoros, entre outros, impunham uma carga extra de tensão que, ocorrendo em meio a uma caçada, provavelmente causaria algumas perdas – seja de caça ou de vidas de parceiros de um grupo de caçadores. Tal situação era relatada ao restante do grupo que permanecera nas cavernas, e conjecturas, hipóteses, estratégias e conclusões eram discutidas, decididas e divulgadas a todos os membros daquele grupo e, eventualmente, aos grupos considerados aliados.

O acúmulo de informações e a necessidade de transmitir às novas (e futuras) gerações as experiências adquiridas levaram nossos ancestrais a desenvolver formas de perpetuar tais relatos por meio de duas formas básicas: contar histórias (provavelmente, também foi nessa época que surgiram as primeiras histórias) e retratar os fatos em inscrições nas paredes das cavernas. Destas últimas, as mais antigas datam de 8000 a.C. (Grasseti et al., 2005); surgiu, assim, a primeira forma de comunicação escrita.

A história da comunicação escrita, entretanto, não é tão acelerada quanto imaginamos, pois os marcos históricos seguintes aconteceram somente em 4000 a.C., quando os chineses já dispunham de um serviço de correios e, em 3500 a.C., quando os egípcios criaram os hieróglifos. Muito depois, em 305 d.C., surgiram as primeiras prensas de madeira, também inventadas pelos chineses. Os primeiros jornais da Europa vieram em 1450, e o primeiro jornal diário começou a ser publicado em 1650, na Alemanha (Artoni, 2005).

Historicamente, a comunicação era estudada na Antiga Grécia sob a forma de poesia e retórica – a arte de discursar e persuadir – até o início do século XX, quando passou a ser vista como parte de disciplinas acadêmicas e de um processo natural e hereditário. No final daquele século, os avanços científicos e tecnológicos, que permitiram o surgimento de meios de comunicação em massa como o telégrafo e o telefone, estimularam o interesse pela comunicação, fazendo, assim, com que ela passasse a ser considerada um campo acadêmico por si.

Desde 1920, aproximadamente, o crescimento e a aparente influência das tecnologias de comunicação vinham chamando a atenção de muitos especialistas que tentaram isolar a comunicação como um aspecto específico pertencente à sua área de especialização. Por exemplo: psicólogos, em seus estudos do comportamento e da mente, desenvolveram conceitos de comunicação úteis às suas investigações, bem como para certas formas de terapia. Cientistas sociais identificaram várias formas de comunicação pelas quais mitos, estilos de vida, hábitos sociais e tradições têm sido transmitidos de geração a geração ou de um segmento cultural a outro. Cientistas políticos e economistas reconheceram que a comunicação de vários tipos permeia as regularidades da ordem social. Sob o ímpeto das novas tecnologias – especialmente os computadores de alta velocidade – matemáticos e engenheiros têm tentado quantificar e medir componentes da informação comunicada e desenvolver métodos para traduzir diversos tipos de mensagens em quantidades e porções adaptáveis aos seus procedimentos e instrumentos. Inúmeras perguntas têm sido feitas por artistas, arquitetos, artesãos, escritores e outros em relação à influência geral dos diversos tipos de comunicação. Muitos pesquisadores, absolutamente concentrados em suas áreas, também têm procurado possíveis teorias ou leis de causa e efeito para explicar como a disposição (humor, inteligência emocional) do ser humano é afetada, por quais tipos de comunicação, em quais circunstâncias e quais as razões de tais mudanças.

Na década de 1960, o educador canadense Marshall McLuhan transformou o interesse inicial na área de comunicação em uma visão que associava um grande número de fenômenos psicológicos e sociológicos à mídia utilizada na cultura moderna. A repetição constante da ideia de McLuhan (2003) de que "o meio é a mensagem" estimulou o surgimento de uma série de estúdios de filmes, fotógrafos, artistas e outros, que estavam absolutamente convencidos de que, conforme a "preconização" de McLuhan, a sociedade contemporânea havia transitado (ou estava transitando) de uma cultura impressa a uma visual. As formas de comunicação que despertavam interesse em McLuhan e seus seguidores eram aquelas associadas a sofisticados instrumentos tecnológicos pelos quais os jovens demonstravam um entusiasmo especial, tais como os filmes, a televisão e os gravadores.

> Herbert Marshall McLuhan (21/07/1911 – 31/12/1980) foi educador, filósofo e acadêmico, professor de Literatura Inglesa, crítico literário e teórico em comunicações. Seu trabalho é visto como um dos marcos do estudo da teoria da mídia e é bastante conhecido por criar as expressões "o meio é a mensagem" e "aldeia global" – esta última popularizada por meio de seu livro A *galáxia Gutenberg*, publicado em 1962.

Na década de 1970, o enfoque principal do interesse na comunicação parecia se distanciar de McLuhan e passou a se concentrar em aspectos como: a indústria de comunicação de massa; as pessoas que as geram e seus efeitos sobre sua audiência; a comunicação persuasiva e o uso da tecnologia para influenciar predisposições humanas; os processos de comunicação interpessoal como mediadores de informação; as dinâmicas da comunicação verbal e não verbal (e até a sensorial) entre indivíduos; a percepção dos diferentes tipos de comunicação; os usos da tecnologia da comunicação para propósitos sociais e artísticos, incluindo a educação dentro e fora da escola e o desenvolvimento de críticas relevantes a projetos artísticos que utilizavam a moderna tecnologia da comunicação.

Mas voltemos um pouco à comunicação pura, sem o uso de artifícios tecnológicos, e vejamos a extensão de seu papel em nossas vidas no item a seguir.

1.2 A função e as formas da comunicação pessoal

Em 1928, o crítico literário e escritor Ivor Armstrong Richards ofereceu uma das primeiras – de certa forma, a melhor – definições de comunicação como um discreto aspecto da vida humana: "A comunicação acontece quando uma mente age sobre seu ambiente de forma tal que outra mente é influenciada de modo que nesta outra mente ocorre uma experiência similar à primeira, e é, em parte, causada por ela" (Shepherd; St. John; Striphas, 2005).

> Ivor Armstrong Richards (26/02/1893 – 7/09/1979) foi um influente crítico literário e retórico inglês e um dos fundadores do estudo contemporâneo da literatura em inglês. Seus livros, especialmente *The Meaning of Meaning, Principles of Literary Criticism, Practical Criticism* e *The Philosophy of Rhetoric*, estão entre os documentos que deram origem à nova crítica – movimento que, ao menos em países de língua inglesa, é considerado o início da crítica literária moderna.

A definição de Richard é geral e não refinada, mas aplicável a quase todos os tipos de comunicação – incluindo aqueles entre o ser humano e os animais, mas excetuando as máquinas – separando os conteúdos das mensagens dos processos humanos pelos quais essas mensagens são transmitidas.

Segundo o cientista político americano Harold Dwight Lasswell (1990), a fragmentação e os problemas da visão interdisciplinar geraram uma vasta gama de discussões em relação aos modos como a comunicação ocorre e aos processos nela inseridos. A maior parte da especulação nesse aspecto admite, de uma forma ou de outra, que a tarefa dos teóricos da comunicação é responder da forma mais clara possível à pergunta: "quem diz o que a quem e qual é o efeito?". Certamente, todos os elementos cruciais contidos nessa pergunta podem ser interpretados diferentemente por estudiosos e escritores de diversas disciplinas, principalmente se considerarmos a descoberta do psiquiatra americano Jürgen Ruesch (1975), que identificou 40 abordagens disciplinares do assunto comunicação, incluindo os já citados: arquitetônico, antropológico, psicológico e político, se não considerarmos as formas de comunicação informais, tais como a atração sexual e a diversão, que elevariam esse número para, pelo menos, 50 modos de comunicação interpessoal.

> Harold Dwight Lasswell (13/12/1902 – 18/12/1978) foi um cientista político americano de ponta e um teórico em comunicações. É famoso por seu comentário sobre a comunicação – "quem (diz) o quê (a) quem (por) qual canal (com) qual efeito" – e sobre a política – "política é quem consegue o que, quando, onde e como". Seu modelo de comunicação difere bastante dos outros engenheiros, como Claude Shannon, e sua noção de canal (meio) também, pois inclui diferentes tipos de mídia, tais como jornais, revistas, periódicos e livros – todos considerados mídia, mas com distribuição e leitura diversificada e, portanto, com efeitos diversos.

> Jürgen Ruesch (1909 – 1995), escritor, psiquiatra e acadêmico ítalo-americano, interessava-se especialmente pelos problemas da comunicação. Na década de 1950, lançou seu trabalho fundamental, *Semiotic Approaches to Human Relations*, e depois publicou, com Gregory Bateson, *Communication: The Social Matrix of Psychiatry* (1951), em que elaboraram a rede do discurso humano segundo quatro níveis: 1) o nível intrapessoal (ou domínio psiquiátrico/estético); 2) o nível interpessoal (ou domínio social); 3) o nível de grupo (ou domínio cultural); e 4) o nível intergrupo (ou domínio transcultural).

A comunicação é uma necessidade inerente ao ser humano, tal como a alimentação e o conforto físico, retratados na Pirâmide de Maslow (Pumain, 2005) a seguir. É por meio da comunicação que o homem começa a realizar suas potencialidades e a adquirir ou a renovar competências que permitem maior e melhor ação e interação com o mundo social em que está inserido – diferentes necessidades podem induzir a uma comunicação conforme a origem do indivíduo, ou seja, as divergências e/ou convergências de interesses e estratégias determinam o valor e o grau de necessidade comunicacional.

> Abraham Maslow (1908 – 1970), psicólogo americano e pesquisador do comportamento humano. Segundo a teoria de Maslow, a motivação é interna, e não externa; as necessidades são hierárquicas (seguem uma ordem de prioridade); e uma necessidade, uma vez satisfeita, não é mais um motivador.

Figura 1.1 – A Pirâmide de Maslow

- Necessidades de autorrealização
- Necessidades de estima
- Necessidades sociais
- Necessidades de segurança
- Necessidades fisiológicas

Fonte: PUMAIN, 2005.

Se isolarmos uma pessoa de seus semelhantes e de qualquer meio de contato com o mundo externo (rádio, televisão, jornais ou outros), mesmo com alimentação e conforto físico assegurados, ela tende a apresentar sintomas de ansiedade em um curto espaço de tempo. Em uma tentativa de atenuar tal sentimento, essa pessoa iniciará monólogos que representam seus pensamentos expressos em voz alta, passando, em um segundo momento, a criar uma companhia fictícia, um interlocutor imaginário com quem poderá até mesmo discutir, para depois fazer as pazes como forma de gerar algum grau de satisfação.

Em caso de isolamento prolongado, a fala e o próprio pensamento se tornarão desconexos e ocorrerá a perda do autocontrole. Situações extremas levam a pessoa a uma desagregação psicológica, acompanhada de descontrole orgânico.

O quadro descrito foi brilhantemente reproduzido no filme *Náufrago* (2000). Nele, o personagem principal, completamente isolado em uma ilha que está fora de qualquer rota de navio, atribui cabelos e um rosto sorridente a uma bola de vôlei e, inclusive, dá-lhe o nome de *Wilson*.

Assim como no filme, a única forma de reverter as consequências provocadas pelo isolamento é a reinserção da pessoa em um ambiente em que haja contato com seus semelhantes e, naturalmente, possa satisfazer à sua necessidade básica de comunicação.

Caso ainda tenhamos dúvidas quanto à real necessidade do ser humano de se comunicar, permita-nos convidá-lo(a), leitor, a imaginar o seguinte quadro: suponhamos que duas pessoas desconhecidas entre si sejam colocadas em um mesmo ambiente, com ordens expressas de não trocarem uma palavra e se ignorarem mutuamente.

Talvez tenha imaginado que você mesmo poderia fazer isso sem maiores problemas, mas, lamentamos informar, isso não duraria mais do que uns poucos dias. Vocês passariam a analisar e a interpretar as atitudes um do outro e, consequentemente, desenvolveriam uma linguagem corporal própria, que expressasse suas opiniões sobre cada uma das situações vivenciadas. Isso porque a tensão imposta pelas orientações iniciais torna praticamente impossível ignorar a presença do outro. Até mesmo os menores gestos e ruídos seriam observados, analisados atentamente e a eles seria atribuído algum sentido (mesmo que não fosse verdadeiro). Em um curto espaço de tempo, cada um passaria a orientar suas atitudes com base no que percebe do outro, ou seja, vocês se comunicariam por meio de mensagens, mesmo involuntariamente, tornando-se emissores e receptores alternadamente – conforme veremos adiante (seção 2.2 – "A transmissão do conhecimento").

Segundo Jakobson (2001), no início do contexto, nossos personagens são apenas observadores passivos, que se comportam como um criptoanalista[G]: recebe mensagens das quais não é o destinatário e cujos códigos não conhece. Ambos procuram interpretar uma mensagem, atribuindo-lhe conotações e denotações segundo sua experiência e valores próprios (conteúdos subjetivos), mas que podem acarretar má interpretação e consequente desentendimento ou agressividade.

Ao transferirmos essa comunicação individual para um grupo organizado (comunidade, escola, empresa etc.), perceberemos que os membros que ocupam posições bem definidas passam a elaborar e a orientar esse grupo quanto às formas como tal comunicação passará a ocorrer e em que meios – direta ou indireta – justamente para reduzir ao máximo uma interpretação subjetiva.

Como podemos ver, é natural nos comunicarmos, mesmo que nos esforcemos para seguir uma orientação que diga o contrário, pois a comunicação é a base para todas as formas de organização social – seja amistosa ou não.

Retomando alguns conceitos vistos na língua portuguesa, sabemos que a comunicação é utilizada para expressar ideias, conhecimentos ou sentimentos, podendo ser discursiva[G]* ou não discursiva[G], sendo a primeira amplamente complementada pela segunda. A diferença básica entre as duas formas é apenas o código utilizado por elas. Na maioria

---

* A presença do ícone [G] indica a inclusão do termo em questão no Glossário, ao final da obra.

das vezes, fazemos uso das duas formas de expressão, pois partimos do princípio de que elas sejam complementares.

Entretanto, nem sempre isso é fato. As expressões não verbais nos escapam mais facilmente ao controle por não serem padronizadas e denotarem um sentimento, não um posicionamento lógico. Por exemplo, uma pessoa pode dizer: "obrigado, estou à vontade" (expressão verbal e intencional, já que está condicionada a regras de convívio social ou a técnicas de entrevista), enquanto seu corpo revela músculos tensos e mãos contraídas uma na outra (expressão não verbal e não intencional). Segundo Weil e Tompakow (2001), essa *metacomunicação*, como é chamada a linguagem corporal, é amplamente utilizada, mesmo que inconscientemente, como apoio à comunicação oral; como expressão silenciosa de contraposição à nossa comunicação verbal; como fonte exclusiva de comunicação, quando consideramos inoportuno fazer um comentário audível e simplesmente fazemos uma careta ou viramos os olhos, por exemplo; como recurso de autodefesa, quando nos sentimos constrangidos ou ameaçados e pensamos: "será que dei um fora?" ou "deixe-me fechar a cara para não virem falar comigo"; como forma de sinalizar que entendemos e/ou estamos de acordo com a opinião do outro, chamado de "espelho", pois assumimos postura similar à do nosso interlocutor, como se ele estivesse se vendo em um espelho. Pode ser também um instrumento de análise do outro, sendo favorável ou não, depende da consonância dos valores do emissor/receptor – se faço uma leitura favorável da postura ou da expressão não verbal do outro, significa que me identifico com o que ele está comunicando; caso contrário, discordo e posso até mesmo sentir-me agredido de uma forma mais leve ou não.

Por mais complexos que pareçam, todos os pontos até então abordados estão à nossa volta todos os dias, o tempo todo e, em inúmeras ocasiões, lidamos muito bem com eles. Contudo, há momentos em que não compreendemos o porquê de termos sido mal interpretados ou de termos interpretado equivocadamente um aluno, um colega, um familiar ou um desconhecido. Uma coisa é certa: somos humanos e, por estarmos em constante processo de aprendizagem, cometemos erros. O importante é passar a observar com mais atenção e permitir maior tempo e variedade de possibilidades de interpretação da comunicação (verbal ou não verbal) a que estamos expostos ou envolvidos.

Um bom exemplo disso é quando estamos em contato com pessoas de diferentes origens (étnicas, geográficas, sociais, religiosas) e de diferentes idiomas. Sabemos que, assim como a culinária e a arte, o idioma é um reflexo da cultura de determinado povo. Cultura essa que tem como fatores determinantes a localização geográfica e a forma pela qual os indivíduos escrevem sua história (conquistas, domínios, perdas, revoluções, opções de governo). Vamos considerar as diferenças que temos aqui mesmo, no Brasil. Quantos "Brasis" existem? Quantos de nós temos um "trem" em casa, como o mineiro? Quantos consomem macaxeira e quantos preferem mandioca ou aipim? Boa parte dos gaúchos gosta de um bom chimarrão, muitos catarinenses consideram o tererê mais saboroso. E como podemos descrever a singularidade do sabor do açaí, da graviola, do caju, do pequi, do biju, do óleo de dendê e de tantas outras riquezas? Quantos de nós compramos laranjas ou bananas por dúzia e quantos compramos por quilo? Diga, leitor, quando duas pessoas da sua região se encontram, como elas se cumprimentam? As mulheres dão um, dois ou três beijinhos, com ou sem abraço? Os homens apertam as mãos de forma firme e de curta duração, firme e por um tempo mais longo, forte e segurando as duas mãos, levemente, preferem um abraço (geralmente de lado) e acompanhado ou não de umas boas batidas nas costas, olhando nos olhos do outro e cumprimentando com o chapéu? Se contarmos algo surpreendente, ouviremos uma exclamação como "bá, tchê!", "ué!", "uai!", "nossa!", "Virge Maria!" ou outra que seja típica da sua região ou origem? Quando alguém da sua região comenta sobre o calor que está fazendo, se refere a 27°C, 30°C, 35°C, 40°C, 45°C ou mais? E qual a temperatura que o faz tremer de frio e se agasalhar inteiro, 20°C, 15°C, 10°C, 0°C, -4°C ou menos? Considerando que cada uma dessas perguntas seja respondida por pessoas da Argentina, do Chile, do Peru, da Guiana, da Venezuela, do Panamá, do Canadá, da França, da Alemanha, da Hungria, da Itália, da Turquia, da Índia, da Grécia, da Mauritânia, da Líbia, de Angola, da Tanzânia, das Filipinas, da Austrália, do Japão, da Rússia? Dependendo da região de cada um dos países, talvez encontremos semelhanças, mas da mesma forma encontraremos muitas diferenças. Como podemos ver, nós comunicamos muito mais informações do que imaginamos.

Sem entrar em questões políticas, fronteiras territoriais em si são demarcações que não impedem que o conhecimento as transcenda, que viaje pelo tempo e espaço levado por pessoas que têm uma inquietude que as faz quererem saber mais e transmitir essas informações pelos mais diversos meios, até mesmo involuntariamente em uma conversa informal ou ao tecer um simples comentário.

Esse contato com outras pessoas estabelece, além da rede de relacionamento, também chamada de *network*, uma rede de conhecimento por meio da qual os processos de aprendizagem e ensino se consolidam e se expandem. A gestão desse conhecimento e aprendizagem é determinante para a posição socioeconômica de indivíduos e organizações (comunidades, escolas, empresas, entre outras). Vale lembrar que a definição de *conhecimento* por nós adotada é a descrita no *Novo Aurélio Século XXI – O Dicionário da Língua Portuguesa* (Ferreira, 1999, p. 529), conforme segue: "**1.** Ato ou efeito de conhecer. **2.** Ideia, noção. **3.** Informação, notícia, ciência. **4.** Prática da vida; experiência. **5.** Discernimento, critério, apreciação".

Conforme já delineado por Jürgen Ruesch (1975), há diversas formas pelas quais podemos transmitir conhecimento, e a escolha por uma delas ou pela combinação de duas ou mais será fundamental para atingirmos nossos objetivos e resultados. Vejamos quais são:

Comunicação intrapessoal – é uma comunicação fechada, uma vez que você se comunica consigo sobre suas emoções, seu corpo, suas ideias e anseios e como percebe e reage a isso.

Comunicação interpessoal – é quando duas ou mais pessoas interagem, sendo emissoras e receptoras de uma mensagem. Essa interação aciona um outro mecanismo típico da comunicação aberta, o feedback *(resposta ao estímulo recebido – nesse caso, uma informação ou opinião). Tal elemento é fundamental, pois serve para orientar como o receptor irá reagir à mensagem do emissor e vice-versa. A ausência de* feedback *gera ansiedade e prejudica ou interrompe a comunicação.*

Comunicação coletiva (engloba a comunicação intergrupos) – envolve grupos de pessoas e ocorre pessoal e diretamente. Quanto maior for o grupo e, dependendo da posição de cada membro dentro dele, a comunicação pode passar a ser indireta e impessoal, pois passará a usar de formas de comunicação como a correspondência tradicional, cartas, avisos, panfletos, jornais e afins ou a digital, telefone, conference call *(chamadas telefônicas que permitem conversar com receptores múltiplos, via uma empresa de telecomunicações, nacional ou não), videoconferência, correio eletrônico, canais de aviso em rede (intranet – sistemas de comunicação interna via computador e restrito a um grupo de usuários de uma empresa ou organização), Skype (sistema de comunicação audiovisual via computador) e demais meios de comunicação em massa.*

As diversas formas de comunicação descritas anunciam novos processos nessa área, também posteriormente delineados na teoria da comunicação humana de Jakobson (2001) em *Comunicação Verbal,* publicado na *Scientific American*, que englobam as redes colaborativas e os sistemas híbridos, os quais combinam comunicação de massa, comunicação pessoal e comunicação horizontal, reforçando o quanto a tecnologia está intimamente relacionada e presente nos mesmos – conforme vimos anteriormente. Isso nos leva ao nosso segundo capítulo, "Tecnologia".

Síntese

Neste capítulo retomamos o conceito de comunicação, sua evolução através dos tempos e sua importância na condição humana. Também identificamos que os elementos essenciais à comunicação – emissor, mensagem e receptor – sofrem influência de ruídos físicos, linguísticos e psicológicos aos quais estão expostos, e que isso afeta diretamente o retorno dado pelos envolvidos no processo comunicacional, fazendo com que esse *feedback* traga características de reforço, reformulação à mensagem ou desistência de uma das partes.

Indicações culturais

NÁUFRAGO. Direção: Robert Zemeckis. EUA: 20th Century Fox, 2000. 1 DVD (144 min), widescreen, color.

O TERMINAL. Direção: Steven Spielberg. EUA: DreamWorks, 2004. 1 DVD (128 min), widescreen, color.

Atividades de Autoavaliação

1. Indique se as alternativas são verdadeiras (V) ou falsas (F):

   I) A comunicação só passou a ser considerada um campo acadêmico em si no final do século XX.
   II) A ideia de que a sociedade contemporânea estava transitando de uma cultura "impressa" a uma "visual" só se concretizou a partir do início da década de 1980.
   III) "Quem diz o que a quem e qual é o efeito?" é a pergunta que se espera que teóricos da comunicação respondam de forma breve e mais clara possível.
   IV) Em caso de isolamento prolongado, a fala e o próprio pensamento humano se tornarão desconexos e ocorrerá a perda do autocontrole.

   a) V, F, V, F
   b) V, F, F, F
   c) F, V, V, F
   d) V, F, F, V

2. *Metacomunicação* é o termo que define a comunicação:

   a) verbal.
   b) corporal.
   c) auditiva.
   d) simbólica.

3. A metacomunicação:

   a) pode ser consoante ou dissonante da comunicação verbal.
   b) é sempre concordante com a comunicação verbal.
   c) é essencialmente dissonante da comunicação verbal.
   d) é involuntariamente dirigida conforme a comunicação verbal.

4. A comunicação pode ser discursiva e não discursiva, sendo que ambas são complementares.
Essa afirmação é:
a) falsa.
b) verdadeira, mas incompleta.
c) verdadeira.
d) falsa e equivocada.

5. Quanto à comunicação intrapessoal, a interpessoal e a coletiva:
a) ocorrem totalmente independentes uma da outra.
b) a primeira e a segunda ocorrem simultaneamente.
c) a segunda e a terceira ocorrem simultaneamente.
d) as três formas podem ocorrer simultaneamente.

Atividades de Aprendizagem

1. Quais os processos de elaboração comunicacional inerentes ao aprendizado de L1 que necessitam de orientação e reforço em L2 no contexto em que você e seus alunos estão inseridos?

2. Pesquise o significado de comunicação digital, analógica, associativa e abstrativa. Como identificar o uso e a compreensão dessas formas de comunicação ao aprendiz de uma língua estrangeira?

Atividades Aplicadas: Prática

Observe um determinado grupo de alunos.

1. Identifique as estratégias comunicacionais mais utilizadas por eles em comparação a outro(s) grupo(s).

2. Como eles transpõem barreiras comunicacionais quando não há intervenção de um professor?

3. Como você, professor, poderia adaptar à sua aula as estratégias percebidas no item anterior?

Capítulo 2

No início de sua trajetória no planeta Terra, o ser humano só possuía duas ferramentas ao seu dispor: sua intuição e seu corpo físico. Vale lembrar que ambas eram precárias, uma vez que sua intuição nem sempre o livrava de problemas e o seu corpo possuía limitações, como baixa estatura e força, velocidade e agilidade limitadas. Considerando que os outros habitantes já contavam com milhões de anos de evolução e adaptação ao ambiente e às suas adversidades, temos, em um primeiro momento, um ser humano frágil, desprovido de um mínimo de chances razoáveis de sobrevivência.

Entretanto, a maior diferença entre os dois grupos é um componente orgânico do segundo – o cérebro –, que passou a se desenvolver de uma forma tão diferenciada que lhe permitiu criar e aprimorar técnicas, elaborar estratégias e até conceber ferramentas que o auxiliassem em sua sobrevivência (Byrnes, 2001). Ao desenvolvimento e ao uso dessas ferramentas damos o nome de *tecnologia*, a qual veremos com mais detalhes neste capítulo.

Tecnologia

2.1 A evolução da tecnologia

Assim como quase nenhuma grande empresa nasce grande, o estágio de evolução tecnológica que vivemos hoje teve sua história marcada por uma série de tentativas, erros, correções, novas tentativas, outros erros, aperfeiçoamento, nova tentativa, sucesso e, eventualmente, novo aprimoramento na busca de melhores resultados. Essa é a trajetória básica que acompanha todos os seres vivos, de uma forma ou de outra, sendo um sinal de que estamos no caminho certo e de que nossa evolução está assegurada.

Voltando ao homem em seus primórdios*, temos um panorama em que um ser sem defesas naturais vê-se obrigado a confrontar oponentes dotados de ferramental e estratégias de ataque/proteção há muito tempo elaborados e perante os quais sucumbiria facilmente. A necessidade de dotar-se de opções externas ao seu corpo que possibilitassem mais chances de suprir os dois primeiros níveis da Pirâmide de Maslow (Pumain, 2005), alimento e abrigo, fez com que surgisse a primeira instância do que hoje chamamos de *gestão do conhecimento* – estratégias que permitem melhor armazenamento, retenção e transmissão de conhecimento, podendo ser pessoal, individual ou em organizações (do núcleo familiar ao global).

As mensagens recebidas do ambiente em que se encontrava – condições climáticas, animais e plantas hostis, fenômenos naturais desconhecidos e, muitas vezes, temidos – aliadas ao desejo de sobrevivência, levaram o ser humano a começar a descobrir, mesmo que acidentalmente, e a elaborar ferramentas que facilitassem, inicialmente, a caça e a defesa de predadores. De fato, os exemplos passam pela pedra lascada (as primeiras remontam há mais de 400 mil anos e já possuíam um lado mais redondo, usado para bater, e o outro pontudo, para poder furar), pela constatação de que poderia segurar uma haste e aplicar-lhe a força do braço para golpear algo, pela descoberta do fogo, pela elaboração de bumerangues (por aborígines australianos), de armas de sopro, de armadilhas, de redes, pela invenção da roda (todos elementos originários em algum ponto da Idade da Pedra – Período Neolítico). São também exemplos da transformação do homem a invenção do arco (para as flechas) há mais de 20 mil anos, a fusão de metais por volta de 6000 a.C., a

---

* A opção por esse termo, que usualmente é utilizado como "o homem pré-histórico", advém da visão pessoal de que toda e qualquer trajetória é histórica e de que a contagem do tempo (tal como a conhecemos hoje) é um subproduto criado pela necessidade de organizar e controlar uma sequência de rotinas diárias e para dar suporte à constatação e relato de fatos científicos cíclicos. Portanto, tecnicamente falando, não existe uma "pré-história", mas sim uma evolução continuada.

primeira catapulta usada em 355 a.C., o desenvolvimento da agricultura (em 2838 a.C., a China já conhecia o arado), a criação do sistema de irrigação pelos egípcios em 3000 a.C., os sistemas de armazenamento, as técnicas de tingimento, manuseio de metais e sua transformação em pratos, copos e armaduras (entre outros), a alquimia na Idade Média. Incluem ainda a criação de maquinários e posteriormente seu desenvolvimento acelerado pela Revolução Científica (1540 – 1687, originando o primeiro equipamento de cálculo inventado por Blaise Pascal, em 1642), a Revolução Industrial (de meados do século XVII ao final do século XIX – 1750 a 1900), o combustível, a engenharia civil, a tecnologia militar (1900 – 1945), a construção do primeiro computador analógico (por Vannevar Bush, em 1930), o qual auxiliaria a pontaria das armas durante a Segunda Guerra Mundial, a tecnologia espacial (1945 – 1970), a automação, a exploração espacial (com o lançamento do primeiro satélite artificial, chamado Sputnik 1, pela então União Soviética, em 4 de outubro de 1957), o desenvolvimento de novas formas de captação, transformação e uso de combustíveis (petróleo, combustão, eólicos – do ar –, hídricos, nucleares, entre outros), até os mais modernos meios e equipamentos que hoje utilizamos em todas as áreas (agricultura, indústria, saúde, moradia, comunicação, transporte de bens e pessoas).

Como você pode ver, a tecnologia não é uma característica exclusiva dos tempos modernos, pois tem como traço principal o aperfeiçoamento sistemático dos métodos de ação do homem sobre a natureza. Assim, fica claro que a história da tecnologia, com seus incentivos e oportunidades, está intimamente ligada a toda a evolução humana.

Por outro lado, não podemos partir do pressuposto de que toda a raça humana tem acesso ou pode desfrutar das facilidades tecnológicas modernas – isso seria leviano de nossa parte, além de uma clara demonstração de desconhecimento do mundo em que vivemos. Conhecimentos tecnológicos como o fogo, a retenção e o armazenamento de água, o plantio, a criação de animais e a construção de abrigos (casa, ocas, tendas, moradias escavadas nas rochas) são estratégias que têm passado de geração a geração, permitindo condições mínimas de sobrevivência. Entretanto, a natureza intrínseca e ambígua da tecnologia nos mostra que esse desenvolvimento nem sempre é naturalmente linear. Ele pode ser dramaticamente antagônico: enquanto alguns grupos sociais optaram por avançar em suas técnicas, há outros que deliberadamente escolheram permanecer fiéis (e até retornar) às técnicas de seus antepassados distantes. Como exemplo do primeiro grupo, temos pessoas que se identificam com a modernidade tecnológica de celulares, câmeras digitais, videoconferências, serviços de disque-pizza, comida congelada, clareamento dos dentes a *laser*, carros computadorizados, prédios "inteligentes" (dotados de sensores para acender/apagar a luz, dependendo da presença ou não de pessoas em um ambiente), entre outros. No segundo grupo, temos pessoas que têm em seu dia a dia um fogão à lenha ou fogo de chão, banho de caneca, de rio ou cachoeira, café da manhã com leite tirado na hora, feijão e legumes colhidos na sua plantação, carne abatida e defumada por eles mesmos, água de poço (natural, não artesiana nem encanada), muitos que até mesmo optam por nem ouvir notícias pelo rádio. Povos nômades são um claro exemplo desse segundo grupo.

No item que veremos a seguir, conheceremos um pouco da história da transmissão dos conhecimentos adquiridos pela complexa, eclética e (absolutamente) fascinante raça humana. Vale lembrar que, conforme citado anteriormente, o termo *tecnológico* se refere às diferentes estratégias que o homem desenvolveu para agir sobre a natureza e seu ambiente.

2.2 A transmissão do conhecimento

A transmissão do conhecimento nos moldes das culturas primitivas era um processo de aculturamento de um mundo em que o modelo de vida era relativamente estático e absoluto, atemporal e com mínimas variações das práticas de sobrevivência. Os responsáveis pelos ensinamentos eram indivíduos do próprio grupo, e o objetivo era moldar as crianças de forma que se tornassem membros valiosos para sua tribo ou bando – bons caçadores, provedores, mães. As formas de aprendizagem, especialmente na pré-puberdade, eram a observação de técnicas básicas de seus pais e dos mais velhos, a imitação e um gradativo aumento na participação das atividades dos adultos. Na pós-puberdade, em contrapartida, algumas culturas já adotavam formas mais padronizadas e regulamentadas de aprendizagem, as quais, muitas vezes, incluíam a separação dos jovens de suas famílias e o envio destes para "missões de iniciação" junto dos mais velhos ou mesmo sozinhos. Tais ritos consistiam em atividades práticas de caça, pesca, sobrevivência, ritos religiosos, mitos e demais aspectos considerados importantes para determinada tribo. O princípio psicológico que permeia tal separação é o de forjar uma estrutura emocional e social forte e decidida, que garantirá a sobrevivência do grupo e dará suporte às próximas gerações.

As civilizações dos milênios seguintes, como as da Mesopotâmia e do Egito (3000 a.C. – 1500 a.C.), apesar de muito diferentes das anteriores, também desejavam perpetuar os conhecimentos adquiridos, e para tal elaboraram a escrita (hieróglifos) e tornaram o aprendizado formal (tutor – aprendiz) indispensável (Woody, 1970).

Caso você tenha encontrado alguma semelhança entre o sistema que usamos hoje e o processo descrito no parágrafo anterior, prepare--se, pois a seguir relataremos mais alguns pontos.

A educação e a cultura egípcias eram essencialmente preservadas e controladas pelos religiosos – uma elite intelectual da teocracia egípcia que também servia como anteparo político, evitando a influência da diversidade cultural. As humanidades, assim como as disciplinas práticas – ciência, medicina, matemática e geometria – estavam nas mãos dos clérigos (religiosos), os quais ensinavam em escolas formais (formalmente estruturadas). Habilidades vocacionais relacionadas à arquitetura, à engenharia e à escultura eram, geralmente, transmitidas fora do contexto da educação formal.

Também sabemos que os egípcios (Woody, 1970) desenvolveram dois tipos de escolas para a juventude privilegiada e que estavam sob a supervisão de oficiais do governo e clérigos: uma que formaria escribas e outra para aprendizes de religiosos. Quando os jovens atingissem 5 anos de idade, entrariam na escola de escrita e continuariam seus estudos (de leitura e escrita) até os 16 ou 17 anos. Quando chegassem à idade de 13 ou 14 anos, os meninos também receberiam treinamentos práticos nas áreas para as quais estavam sendo preparados. O treinamento para aprendiz de clérigo começava na escola-templo, na qual os meninos ingressavam, geralmente, aos 17 anos, e a duração de seu treinamento dependeria da exigência dos diversos objetivos religiosos a serem atingidos. Métodos rígidos e disciplina severa garantiam a uniformidade na transmissão de conhecimentos e cultura, uma vez que desvios dos padrões tradicionais eram absolutamente proibidos. A repetição mecânica e a memorização eram os métodos tipicamente empregados, mas, na fase final dos estudos, os alunos também passavam por um período em que faziam uso de aplicações práticas das teorias estudadas no exercício de uma atividade profissional supervisionada – hoje denominada *estágio*.

Os mesopotâmios desenvolveram um sistema educacional similar ao dos egípcios em relação aos objetivos e ao treinamento – a educação formal era de cunho prático e o seu propósito era treinar escribas e clérigos. O sistema compreendia desde leitura, escrita e ensino religioso básico até estudos avançados de legislação, medicina e astrologia. Geralmente, os jovens das classes privilegiadas eram preparados para tornarem-se escribas – que poderiam variar de copistas a bibliotecários e professores. As escolas para clérigos, segundo registros históricos, eram tão numerosas quantos os templos. Isso indicava não somente a força, mas também a absoluta supremacia da educação religiosa.

Assim como no Egito, os clérigos da Mesopotâmia dominavam as áreas intelectual e educacional, bem como as práticas. O centro da atividade intelectual e de treinamento era a biblioteca, a qual normalmente era situada dentro de um templo, sob a supervisão e a influência direta dos religiosos. Os métodos de ensino e aprendizagem eram a memorização, a repetição oral, a cópia de modelos e a instrução (ensino) individual. Acredita-se que a cópia dos escritos era a parte mais difícil, que exigia maior devoção dos alunos e que também servia como teste para a verificação da excelência do aprendizado.

Em contrapartida, a civilização chinesa já contava com complexas práticas educacionais por volta de 1500 a.C. e de formalização (e estabelecimento) da escrita há mais de 3.000 anos (Ka-Ho Mok, 2004).

A diferença básica entre as formas de educação discutidas anteriormente e a chinesa é que esta tinha um propósito educacional marcado pelo senso de desenvolvimento do caráter moral e de responsabilidade perante o povo e o Estado. Mesmo nos estágios iniciais de evolução, relações humanas harmoniosas, rituais e música eram integrantes do currículo chinês. As práticas educacionais mais desenvolvidas se encontravam nas capitais imperiais, enquanto outras localidades contavam com instituições menos organizadas, tais como salões de estudos, escolas de vilarejos ou de cidadelas.

Registros históricos relatam que a educação era tida como um processo de desenvolvimento interior, portanto, individual, e que os métodos de ensino empregados pelos chineses contavam com livros de bambu, treinamento moral e prática de rituais (estes últimos por meio de aulas orais e exemplificação).

Entre as civilizações maias, astecas e incas, apesar de pouquíssimas provas documentais, também se identificou que a educação formal destinava-se à formação da nobreza e de clérigos, e que os objetivos educacionais principais eram a preservação cultural, o treinamento vocacional, o treinamento moral e de caráter e o controle para evitar desvios culturais. Seus métodos de ensino incluíam a repetição exaustiva, o uso da oratória, da poesia e da música, o que facilitava a memorização da história, e atividades práticas, como o exercício das habilidades aprendidas e rituais variados.

Entre tantos outros povos, temos também os gregos, cuja história remonta ao período de 1400 a.C. a 1100 a.C. e a uma sociedade baseada nos moldes orientais de monarquia, mas que, diferentemente daquelas e depois de um período conhecido como "os anos negros da Grécia" (séculos IX a XI a.C.), passou a ser uma aristocracia militar, tal como a idealizada na *Ilíada* e na *Odisseia*, de Homero. Durante esse período, os filhos da nobreza espartana recebiam seus ensinamentos na corte e sob a supervisão e a companhia de guerreiros. O jovem nobre era ensinado por meio de conselhos e exemplos de um homem mais velho e experiente, a quem ele admirava e em quem confiava. O relacionamento de companheirismo, valentia e virilidade possibilitava um ensino que desenvolvia características típicas de um cavaleiro, mas que não era limitado à brutalidade, pois também requeria refinamento, aprendizado de instrumentos musicais, dança, bons modos e delicadeza, especialmente, no trato para com as mulheres. Dessa forma, o aprendizado também trazia valores de ética, etiqueta, honradez, habilidades e estratégias combativas, orgulho e espírito desportivo, que criavam verdadeiros heróis.

No final do século VII e durante o século VI a.C., Atenas, diferentemente de Esparta, segundo Marrou (1982), tornou-se a primeira cidade a renunciar à educação voltada a formar futuros gladiadores e soldados. Sem dúvida, o cidadão de Atenas tinha de lutar pelo país quando convocado e em condições físicas de fazê-lo, mas, em tempos de paz, a luta e o combate armado só eram praticados de forma desportiva, não combativa. Essa evolução na educação de Atenas refletiu-se em todos os aspectos da cidade, a qual possuía uma orientação democrática crescente já no século IV a.C. (apesar de minoria) e passou a desenvolver a prática de esportes elegantes, como a montaria e a caça (ainda reservados à aristocracia, assim como na sociedade espartana), mas também desenvolvia diversos ramos do atletismo, que logo se difundiram entre cidadãos de todas as classes, ocasionando, assim, maior interação entre diferentes classes sociais.

Ainda segundo Marrou (1982), com os sofistas[*], contemporâneos e adversários de Sócrates (defensor da busca desinteressada do absoluto, da virtude, da sabedoria; aproximadamente 470 – 399 a.C.), surge um sistema educacional superior aberto a todos que tivessem tempo e dinheiro para pagar por ele. Não havia mais o interesse por atividades desportivas e elegantes, mas sim o desejo de triunfar e expressar-se politicamente. Os sofistas, educadores profissionais, introduziram uma forma de educação superior, cujo sucesso comprovava sua utilidade social e eficiência prática. Sem a preocupação de transmitir ou buscar a verdade do

---

[*] Classe profissional de palestrantes, escritores e professores gregos dos séculos V e IV a.C., cuja maioria viajava pelas regiões em que se falava grego para instruir jovens homens ambiciosos e prepará-los para a vida pública, por meio da retórica e da argumentação em uma gama de assuntos humanistas, sempre em troca de algum dinheiro.

homem ou de sua existência, mas sim oferecendo a arte de obter sucesso na vida política por meio do estudo de disciplinas fundamentais: a arte da persuasão (também chamada de *dialética*) e a arte de falar (retórica) – um sucesso comercial, pois visava à formação de estadistas imbatíveis.

O sistema educacional helênico (Grécia Antiga), independente de suas diversas escolas, sempre manteve os jovens entre 7 e 19 ou 20 anos de idade ocupados com os estudos. É desnecessário mencionar que esses programas eram destinados à minoria aristocrática e à burguesia urbana. Os alunos eram essencialmente rapazes e cidadãos livres (mestres), apesar de ocasionalmente ter sido dada uma educação profissional a alguns escravos. As meninas ocupavam apenas lugares modestos na hierarquia educacional.

Apesar da permanência da popularidade dos esportes atléticos para fins de espetáculo, os esportes educacionais não só caíram para segundo plano como desapareceram completamente durante o período cristão (séc. IV d.C.), dando lugar aos estudos literários. O mesmo aconteceu com os estudos musicais, ficando restritos aos profissionais que viviam dessa arte. Dos 7 aos 14 anos, a criança ia para a escola das letras, que era conduzida por um escravo especial, o pedagogo (do grego *paidagõgos*), cuja função não estava limitada a acompanhar a criança, mas a educá-la quanto à sua conduta, aos bons modos, aos princípios morais, além de ser tutor de suas lições (ensinamentos). A ignorância – ou desdém – da psicologia infantil resultava no uso de métodos de ensino que raramente eram eficientes, a flagelação (com uma vara ou palmatória) era o único meio (largamente) utilizado. O ensino da leitura compreendia um método analítico que tornava o processo extremamente lento. Primeiramente, ensinava-se o alfabeto de alfa a ômega, depois em sentido inverso e, em seguida, partindo das duas extremidades (*alfa – ômega, beta – pi*, e assim por diante até chegar em *mu – nu*; utilizando o alfabeto do latim teríamos A – Z, B – Y,...

M – N). O passo seguinte consistia em ensinar as sílabas simples (*ba, be, bi, bo*), depois as mais complexas. Na sequência, vinham as seguidas por palavras de uma, duas e três sílabas, e assim sucessivamente. A lista de vocabulário incluía palavras raras, algumas da terminologia médica, escolhidas por seu grau de dificuldade de leitura e de pronúncia. Muitos anos se passavam antes de a criança poder ler textos conexos, os quais, na verdade, eram antologias de trechos famosos. Associada à leitura estava a habilidade de recitar e, sem dúvida, a prática da escrita (que seguia o mesmo plano meticuloso).

O ensino no período helênico, posteriormente, instituiu um programa intermediário (entre o primário e o superior), que visava ser um preparatório para as diversas ramificações do chamado *ensino superior*. Por ter um cunho mais generalista, esse ensino era chamado de *enkyklios paideia* (educação geral ou comum – longe da utilização da palavra que fazemos hoje em dia). Professores especialistas em suas áreas ensinavam o programa da *enkyklios paideia*, que era limitado a pontos comuns de literatura (poesia, prosa, oratória, filosofia e composição literária) e matemática (aritmética, geometria, astronomia e teoria numérica, que regulamenta os intervalos e o ritmo da música). A formulação definitiva do programa intermediário veio apenas na segunda metade do século I a.C., após o surgimento do primeiro manual sobre os elementos teóricos da linguagem, um pequeno tratado gramatical de Dionísio Trax (Marrou, 1982). A partir desse ponto, o programa passou a ter sete artes liberais: três artes literárias (gramática, retórica e dialética) e as quatro disciplinas matemáticas anteriormente descritas.

Alexandre, o Grande, fundador da cidade de Alexandria, em 332 a.C., queria transformá-la no centro mundial do comércio, da cultura e do ensino. Com isso, deu-se a imigração de diversas personalidades. Os reis que o sucederam deram continuidade à sua obra. Sob o reinado de Ptolomeu I (323-285 a.C.), o Farol de Alexandria reuniu, por exemplo, o matemático grego Euclides, que criou o primeiro sistema de geometria. Também o astrônomo Aristarco de Santos chegou à conclusão de que o Sol, e não a Terra, é o centro do universo. Passaram ainda ou viveram na cidade grandes nomes da álgebra e da geometria (Apolônio de Perga, Herão de Alexandria, Diofanto), da astronomia (Cláudio Ptolomeu, Hiparco de Niceia), da filosofia (Eratóstenes), da história (Maneton, Hecateu de Abdera), da matemática, da física e da mecânica (Arquimedes, Herão, Papo de Alexandria, Teão – pai de Hipácia –, Hipácia, Stratão, Ctesíbio), da literatura, da gramática e da poesia (Calímaco, Filetas de Cós, Teócrito, Zenódoto de Éfeso (o primeiro bibliotecário-chefe), Aristófanes de Bizâncio, Aristarco de Samotrácia, Dionísio Trax, Dídimo Calcêntero), da medicina e da cirurgia (Herófilo de Calcedônia, Galeno, Erasístrates, Heraclides de Taranto), entre muitas outras personalidades.

É fato que muito ainda aconteceu no decorrer dos tempos até o surgimento das primeiras universidades no final do século XII, e apenas no final do século XIV o termo *universidade* passou a ter o significado exclusivo de uma comunidade de professores e alunos cuja existência como tal havia sido reconhecida e sancionada por autoridades civis e eclesiásticas.

Da mesma forma, também é preciso ressaltar que o conhecimento informal evoluiu: no início, ele era transmitido entre as pessoas de uma mesma família ou entre famílias que possuíam algum grau de parentesco ou proximidade (conforme anteriormente retratado). Os comerciantes, por sua vez, adquiriam-no e o compartilhavam, quando estavam em busca de novos mercados e portos. Em ambos os casos, a instrução era direta ou por meio da exemplificação, a qual levava à imitação e à repetição. Diferentemente das elites, não havia uma preocupação exagerada em restringir o conhecimento, pois o homem comum transitava com mais facilidade entre as culturas por compartilhar sentimentos de exclusão e necessidade de sobrevivência, o que permitiu maior flexibilidade e criatividade na resolução de problemas diários.

Talvez você tenha questionado o porquê de a maior parte deste item apontar tão intensamente para o processo de ensino-aprendizagem. Isso é fácil de responder: é porque toda transmissão de conhecimento, tecnológico ou não, acontece por meio de uma forma ou outra de ensino, e este pressupõe algum tipo de comunicação, a qual deve refletir um sistema organizado que permita o aprendizado. Como o aprendizado de algo novo, geralmente, pressupõe a aquisição de novas informações, um ensino eficaz não pode ser assim considerado, a menos que a comunicação também o seja.

Ao falarmos em comunicação, é preciso lembrar de que há dois aspectos distintos nessa área, que, ao serem trabalhados de forma complementar, auxiliam enormemente o processo de ensino-aprendizagem.

Tecnicamente falando, um dos primeiros modelos de processo de comunicação foi desenvolvido por Claude Shannon, da Bell Telephone Laboratories. Por conta de sua formação e atuação profissional, Shannon estava interessado apenas nos aspectos técnicos da comunicação. Contudo, Warren Weaver colaborou com Shannon para desenvolver uma aplicação mais ampla de seu modelo que viesse a contemplar outros problemas da comunicação (Shannon; Weaver, 1949). O modelo Shannon-Weaver a seguir pode ser utilizado para analisar situações de ensino.

Figura 2.1 – O modelo de comunicação de Shannon-Weaver

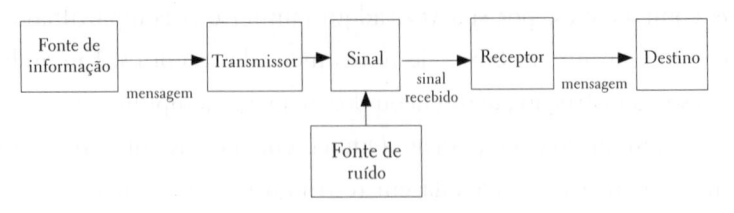

```
[Fonte de informação] --mensagem--> [Transmissor] --> [Sinal] --sinal recebido--> [Receptor] --mensagem--> [Destino]
                                                         ↑
                                                   [Fonte de ruído]
```

Fonte: Adaptado de HOLMES, 2005.

A mensagem, tal como na estrutura do coração humano, é selecionada pela fonte de informação, para depois ser incorporada pelo transmissor a um sinal. Esse sinal pode ser convertido em fala, em desenho a giz em um quadro-negro ou em material impresso (folhas de atividades, livros ou outros). O sinal recebido por olhos ou ouvidos receptores é transformado em uma mensagem que chega ao seu destino, por exemplo, a mente de um aluno. Há também vários fatores de distorção que agem sobre esse sinal, fatores que Shannon e Weaver (1949) chamam de *ruído*. No exemplo que adotamos, podemos dizer que o ruído pode vir das conversas em sala de aula, do barulho do giz na lousa ou mesmo de fora da sala.

No que se refere ao nosso módulo, esperamos usar as fontes de informação que possuímos de forma a elaborar uma mensagem significativa (conteúdo) e transmiti-la por meio impresso (livro) e televisivo (aula via antena), de modo que alcance você (receptor) e o ajude a atingir seus objetivos de expansão do conhecimento (destino).

É certo que, para os objetivos do processo ensino-aprendizagem, o significado da mensagem e a maneira como ela é interpretada são de extrema importância. A adaptação que Schramm (1954) fez do modelo de Shannon incorporou a preocupação deste último quanto aos aspectos técnicos da comunicação, mas principalmente da ênfase à comunicação, à recepção e à interpretação de símbolos significativos. Para Schramm (1954), esse é o coração do ensino.

Figura 2.2 – A adaptação do modelo de Shannon-Weaver

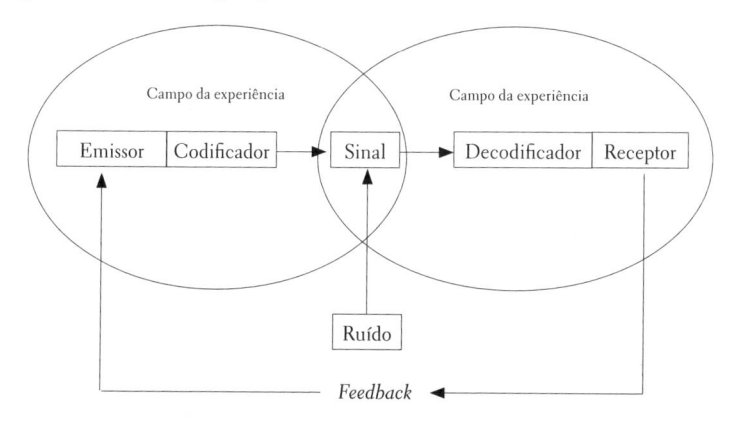

```
    Campo da experiência              Campo da experiência
    ┌─────────┬───────────┐           ┌──────────────┬──────────┐
    │ Emissor │ Codificador│ → Sinal →│ Decodificador│ Receptor │
    └─────────┴───────────┘           └──────────────┴──────────┘
                      ↑
                    Ruído
                  ← Feedback
```

Fonte: Adaptado de Schramm, 1954.

Na condição de professor, por exemplo, prepararíamos nossos alunos para uma aula de vídeo (TV, VHS, DVD ou outro) por meio de uma discussão preliminar sobre o tema a ser abordado e planejaríamos atividades que reforçassem e complementassem o(s) objetivo(s) de aprendizagem do filme[*]. Outro ponto importante a ser contemplado pelo professor é a obtenção de dados sobre o impacto do material trabalhado, tecnicamente chamado de *feedback*, o qual pode ser obtido por meio de perguntas dirigidas ao grupo, uma discussão (ou debate), uma apresentação oral individual ou em grupo, um questionário, mímicas ou qualquer outra estratégia que reflita a aquisição (ou a necessidade de reforço) do conhecimento.

Sem esquecermos da importância do papel do professor, temos uma grande gama de meios tecnológicos (formais e informais) de

---

[*] Nota da autora: a opção de elaborar atividades a serem executadas durante a apresentação de um filme fica a critério de cada professor, pois é preciso considerar o objetivo geral, os objetivos de cada segmento e, principalmente, se o ritmo do filme permite tais atividades.

comunicação: papel e lápis (ou similar), mapas, gráficos, jogos, pôsteres, fotos, livros, revistas, jornais, mimeógrafo, projetor de *slides*, filmes Super-8, retroprojetor, cinema, rádio, televisão, estampas em camisetas, *outdoors* (grandes pôsteres de divulgação, geralmente distribuídos ao longo das estradas e nas cidades), TV a cabo, computador, internet, laboratórios de línguas, CD-*player*, disco a *laser*, DVD e, mais recentemente, MP3, MP4, iPod e VoIP (telefonia via computador). Mas, acima de tudo, é preciso lembrar que em inúmeros casos o que faz a grande diferença para os nossos alunos é mesmo aquele professor "GLS" – giz, lousa e saliva! (Pensou que eu ia dizer o quê?)

Se a sensação que você tem neste exato momento é a de que poderíamos passar para um novo tópico, acertou! Antes de tratarmos da tecnologia aplicada ao ensino de línguas, vamos, em nosso próximo capítulo, nos concentrar nos diferentes métodos e abordagens utilizados no ensino de línguas. Até lá!

Síntese

Por meio de uma revisão histórica, este capítulo trouxe uma definição mais ampla de tecnologia como desenvolvimento de técnicas e recursos a serem utilizados pelo homem para reverter adversidades e se beneficiar das condições oferecidas pelo meio ambiente.

A segunda parte retratou o desenvolvimento de tecnologias utilizadas para retransmitir, e assim perpetuar, o conhecimento adquirido pelas gerações anteriores, bem como a concepção de equipamentos eletroeletrônicos que auxiliassem no aprendizado de um idioma.

Indicações culturais

2001: uma odisseia no espaço. Direção: Stanley Kubrick. EUA/Inglaterra: Warner Bros, 1968. 1 DVD (139 min), widescreen, color.

VOANDO alto. Direção: Bruno Barreto. EUA: Miramax Films Corp, 2003. 1 DVD (87 min), widescreen, color.

O TERMINAL. Direção: Steven Spielberg. EUA: DreamWorks, 2004. 1 DVD (128 min), widescreen, color.

Atividades de Autoavaliação

1. A definição mais completa de *tecnologia* é:

   a) Tecnologia é todo e qualquer meio que podemos elaborar ou de que podemos dispor para reverter ou nos beneficiarmos daquilo que o ambiente em que estamos inseridos nos oferece.

   b) Tecnologia consiste nos mais modernos equipamentos de que podemos dispor para facilitar nossas atividades do dia a dia.

   c) Tecnologia é poder aliar nossa capacidade de aprendizado para usufruir de qualquer maquinário que a modernidade nos ofereça, seja no ambiente doméstico ou profissional.

   d) Tecnologia é um complexo sistema operacional de manuseio de equipamentos e programas que nos permite maior adaptabilidade ao ambiente em que estamos inseridos.

2. Associe as duas partes de cada sentença:

   a) Disciplinas práticas como a ciência, a medicina, a matemática, a geometria e habilidades vocacionais relacionadas à arquitetura, à engenharia e à escultura...

b) A transmissão de conhecimento na Antiguidade...
c) A elaboração do modelo de comunicação de Shannon-Weaver possibilitou...
d) Observação, imitação e gradativa participação das atividades...

( ) ...eram os passos básicos pelos quais os mais velhos ensinavam os mais jovens.
( ) ...uma visão técnica do processo de comunicação à qual Schramm chamou de *o coração do ensino*.
( ) ...como podemos aplicá-los ou adaptá-los para que melhor possam transmitir um conhecimento.
( ) ...restringia-se à retórica e à oratória.

3. Indique se as alternativas são verdadeiras (V) ou falsas (F):

I) A evolução tecnológica é marcada pela sequência de tentativas e erros.
II) A tecnologia é uma característica exclusiva dos tempos modernos.
III) Toda a raça humana pode desfrutar das facilidades tecnológicas modernas.
IV) O desenvolvimento e a aquisição de tecnologia nem sempre ocorreu de forma linear.
V) A história da tecnologia está intimamente ligada a toda a evolução humana.

a) V, F, F, V, F
b) F, F, V, V, F
c) V, V, F, F, F
d) F, F, F, V, V

4. Historicamente, podemos dizer quanto à transmissão de conhecimento que:

   I) as formas de aprendizagem incluem inicialmente a observação de técnicas básicas, a posterior imitação e o gradativo aumento de participação nas atividades dos adultos.
   II) o acúmulo de conhecimento favoreceu o surgimento de registros escritos, como as pinturas rupestres e os hieróglifos.
   III) os clérigos egípcios ofereciam educação e cultura a todas as pessoas que demonstrassem interesse.
   IV) segundo registros históricos, as escolas para clérigos na cultura mesopotâmia eram tão numerosas quanto os templos.
   V) os sofistas, contemporâneos e adversários de Sócrates (470 a.C. – 399 a.C.), já defendiam um sistema educacional público e gratuito.

   a) As sentenças I e II são verdadeiras.
   b) As sentenças III e V são verdadeiras.
   c) As sentenças III, IV e V são verdadeiras.
   d) As sentenças II, IV e V são falsas.

5. Associe as colunas:

   a) Toda transmissão de conhecimento, tecnológico ou não...
   b) O modelo de comunicação de Shannon-Weaver é a soma do...
   c) Para os objetivos do processo ensino-aprendizagem...
   d) Toda transmissão de mensagem está sujeita à interferência de ruídos físicos, linguísticos ou psicológicos, tais como...

   ( ) ...interesse nos aspectos técnicos de comunicação e a contemplação de outros problemas comunicacionais.
   ( ) ...se dá por meio de algum tipo de comunicação, o qual deve refletir um sistema organizado que permita o aprendizado.

( ) ...o significado da mensagem e a maneira que é interpretada são de extrema importância.

( ) ...sons de conversas paralelas, do barulho dos carros, do uso inadequado de uma palavra ou expressão, de ansiedade ou nervosismo.

Atividades de Aprendizagem

1. Observe e analise o material instrucional (livros, cassetes, vídeos, DVDs, TV, rádio...) disponível em sua escola e identifique os elementos do processo comunicativo e sua correlação.

2. Identifique qual a porcentagem de uso (ou evidência) dos elementos do processo comunicativo em aula e como você poderia balanceá-los.

Atividades Aplicadas: Prática

1. Com base no material disponível em sua escola, elabore três formas diferentes de trabalhar com cada um deles.

2. Desenvolva um projeto de pesquisa com seus alunos em que eles verificarão quais são os materiais instrucionais disponíveis na escola e, posteriormente, escreverão sugestões de aplicação em suas aulas. Note como sua criatividade lhe dará subsídios para as próximas aulas.

Capítulo 3

Conforme vimos anteriormente, o ser humano sempre teve uma forte necessidade de se comunicar oralmente. Igualmente, o cuidado e a atenção com a comunicação sempre estiveram presentes nas relações sociais, sejam familiares ou não, pois é assim que podemos garantir que a mensagem que esperamos ser compreendida pelo nosso interlocutor seja a mesma ou, no mínimo, muito próxima da que pretendíamos enviar. Apesar de todos os estudos científicos já realizados, ninguém sabe até hoje exatamente como as pessoas aprendem uma língua, mas sabe-se que a evidente necessidade de estabelecer uma comunicação mais sistemática, em que a emissão de sons isolados ou em certas combinações e as variações de entonação passassem a ter significados próprios e adequados a cada situação, favoreceu o desenvolvimento da linguagem oral, a busca pela ampliação de seus conhecimentos e a transmissão dos mesmos. Consequentemente, cresceu a curiosidade e o espírito científico de um grande número de pessoas interessadas em descobrir e desenvolver técnicas e teorias que auxiliassem no entendimento do processo de aprendizagem do meio que possibilita tal atividade: a aprendizagem de uma língua.

O ensino de línguas

3.1 Metodologia e abordagens do ensino de línguas

Antes de apresentar os diversos métodos e abordagens, é preciso reforçar que o surgimento de cada novo método não implicou no total banimento do sistema de ensino anterior. Isso seria uma visão muito simplista e totalmente inverídica, uma vez que todos eles estão presentes em nossas vidas, modificados (certamente) para suprir as necessidades do processo de ensino-aprendizagem conforme a realidade em que aluno e professor se encontram inseridos e/ou a percepção da maior ou menor facilidade de ambos. Apesar de muito pouco provável, é possível que um ou outro ainda seja utilizado individualmente e na sua concepção original, em alguma região do planeta.

Sabemos que o próprio uso da palavra *método* tornou-se relativamente obsoleto, pois a opção exclusiva por um ou outro se provou absolutamente insatisfatória. Consequentemente, outra falácia é denominar como método a opção que um professor ou uma escola fez por um dado livro didático.

Certas teorias, contudo, exerceram e ainda exercem profundo impacto na prática de ensino de línguas. Tal prática pressupõe o uso individual ou combinado de metodologias e abordagens – seja no exercício do ensino de línguas ou na criação e no desenvolvimento de material didático.

Antes de seguirmos adiante, porém, vamos rever alguns itens básicos da terminologia dos processos de ensino-aprendizagem que utilizaremos neste capítulo:

a. L1: língua materna de uma pessoa;
b. L2 ou língua-alvo: idioma que é objeto de aprendizagem de uma pessoa;
c. aquisição ou assimilação de língua: segundo Krashen (1996), é um processo informal e subconsciente de aprendizagem da língua-alvo, que se dá por meio da inserção de uma pessoa no ambiente no qual ela é falada (por exemplo: a forma como as crianças adquirem uma língua, seja L1 ou língua-alvo);
d. aprendizagem de língua: é o processo formal, educacional e consciente de aprendizagem dos aspectos gramaticais e linguísticos, muitas vezes estudados isoladamente e desconexos de uma comunicação real (por exemplo: aprender frases ou palavras fora de qualquer contexto);
e. ensino indutivo (*inductive teaching*): é quando o aluno abstrai a regra gramatical de uma série de exemplos que lhe foram apresentados.

Os exemplos o induzem a perceber a regra que rege o conjunto de sentenças apresentado;

f. ensino dedutivo (*deductive teaching*): é a apresentação das regras ao aluno, a partir das quais ele passará a elaborar exemplos que incorporem tal estrutura;

g. abordagem: segundo Richards e Rodgers (2001), é um conjunto de pressupostos sobre o que está envolvido no ensino e na aprendizagem de uma língua; é a forma que um professor escolhe para ensinar algo;

h. método: também segundo Richards e Rodgers (2001), é um plano sistemático de ensino que está baseado na combinação de determinada abordagem e de uma gama de técnicas a serem aplicadas;

i. técnica: é o termo mais estreito, significando um único procedimento.

Em um contexto de ensino-aprendizagem temos, portanto, um professor/tutor utilizando diversas técnicas ordenadas de uma forma específica a compor um método. A abordagem adotada por esse professor reflete o conjunto ou a variação de métodos e as técnicas escolhidas para ensinar determinado grupo de alunos e/ou determinados aspectos da língua-alvo. Os alunos, por sua vez, responderão de forma alternada – ora estarão concentrados, aprendendo o idioma, ora estarão descontraídos, adquirindo-o por meio de atividades lúdicas.

Sendo assim, queremos convidá-lo a seguir para os métodos e as abordagens propriamente ditos descritos nos próximos subitens, nos quais apresentaremos, primeiramente, os de embasamento linguístico e depois, os humanísticos.

3.1.1 O método de tradução gramatical

O método mais tradicional e também o mais difundido na Europa e na maioria dos continentes era o chamado *grammar-translation method* ou *método de tradução gramatical*. A sua concepção como método aconteceu apenas no período entre 1840 e 1940, mas ele já era amplamente utilizado pelos antigos nos seus estudos da língua materna e de outras (conforme vimos no item 2.2).

Esse método consistia em fornecer aos alunos um conjunto de regras gramaticais e paradigmas[1]. Vamos tomar como exemplos, demonstrados nos quadros a seguir, estruturas do idioma inglês, pois a probabilidade de a maioria dos leitores já as terem visto é maior do que a de outros idiomas (Hubbard, 1985):

Quadro 3.1 – Presente simples do indicativo, forma ativa do verbo *ir*

	Singular	Plural
1ª pessoa	I go	we go
2ª pessoa	you go	you go
3ª pessoa	he she goes it	they go

Quadro 3.2 – Sistema de pronomes pessoais

Número	Singular				Plural		
Pessoa	1ª	2ª	3ª		1ª	2ª	3ª
			M	F	N			M F N
Nominativo	I	you	he	she	it	we	you	they
Acusativo	me	you	him	her	it	us	you	them
Genitivo	mine	yours	his	hers	its	ours	yours	theirs
Dativo	me	you	him	her	it	us	you	them

Outro passo era fornecer aos alunos listas contendo itens de vocabulário da L2 acompanhados de seus equivalentes na língua materna. Todo esse material, com fatos e regras sobre a língua-alvo, deveria ser memorizado para posteriormente ser testado perante a citação das regras e a tradução das palavras. Outras vezes, eles também poderiam ser solicitados a descrever sequências linguísticas, como em *"he goes"* é terceira pessoa masculina singular na forma do presente indicativo simples e tempo ativo do verbo *ir*.

A fase seguinte consistia em fornecer um conjunto de frases ou textos em L1 (língua materna) que deveriam ser traduzidas para L2 (língua-alvo) ou vice-versa.

Analisando a sequência de passos de uma aula segundo o método de tradução de gramática, vemos que as características principais deste são:

1. há um grande uso da L1 para dar instruções e explicações;
2. o ensino gramatical é dedutivo (reveja o conceito em 3.1);
3. a prática da leitura e da escrita era bastante limitada, e havia a total ausência de exercícios de compreensão auditiva (audição) e produção oral (fala).

Isso se deve ao fato de que o objetivo único desse método era treinar e desenvolver habilidades intelectuais por meio da aplicação lógica de regras. Em momento algum havia o interesse em favorecer o uso da L2. O estudo da gramática era visto como um fim em si, no qual o conhecimento preciso das regras era enaltecido e severamente julgado pelo professor (Richards; Rodgers, 2001).

Entre as desvantagens desse método estão as explicações complexas fornecidas por professores – especialistas em gramática – e cujo repertório exigia dos alunos todo um conhecimento de uma nova terminologia linguística (substantivo, tempo verbal, pronome, advérbio etc.), o que aumentava ainda mais a quantidade de informações a serem memorizadas. Além disso, o produto obtido de uma tradução nesses moldes era, em sua maioria, amplamente insatisfatório.

Com o passar do tempo, os objetivos de ensino de uma língua estrangeira mudaram, e a Europa do século XIX testemunhou "crescentes oportunidades de comunicação entre eles, o que gerou uma demanda pela proficiência oral em L2" (Richards; Rodgers, 2001). Essa necessidade de desenvolver a habilidade de falar uma língua estrangeira, aliada à percepção de como uma criança aprende a língua materna, resultou em um método de ensino muito diferente: o método direto.

3.1.2 O método direto

O método direto – *direct method* – também chamado de *método oral* ou *método natural*, criado por Berlitz, foi várias vezes apontado como uma reação adversa ao método da tradução gramatical por ter características diametralmente opostas a este (Howatt, 1984). Contudo, também é preciso lembrar que as pessoas utilizaram este (a tradução gramatical) desde os tempos da Roma Antiga, quando jovens recebiam tutores gregos que lhes ensinavam sobre o idioma grego – referência fundamental na educação daqueles dias.

> Maximilian Delphinius Berlitz (1852 – 1921), órfão, foi criado numa família de educadores e, mais tarde, passou a lecionar francês e alemão na escola Warner Polytechnic College, nos EUA, na qual assumiu o comando quando seu diretor, sr. Warner, desapareceu com todo o dinheiro das mensalidades. Ele criou o Método Berlitz, quando notou os resultados de proficiência em L2 que um amigo atingiu com seu grupo em suas aulas de francês em seis semanas, sem tradução, pois não falava inglês, apenas por meio de gestos, expressões faciais, tom da voz em L2. Em 1878, fundou a Escola de Línguas Berlitz, em Providence, Rhode Island, EUA.

A diferenciação desse método frente ao anterior acontece pela tentativa de encorajar os alunos a adotarem uma forma naturalista para o aprendizado de uma L2. Primeiramente, não havia livros nos estágios iniciais. O professor fornecia oralmente a L2 a ser aprendida, atuando, assim, como um modelo. A linguagem a ser aprendida consistia de sentenças que eram típicas do dia a dia e enfocava vocabulário e estruturas cujos significados poderiam ser facilmente compreendidos por meio de figuras ou mímicas. Como você deve ter notado, não há menção à língua materna. Isso acontece porque o uso desta era totalmente proibido.

Apesar de o conteúdo consistir de itens de vocabulário e estruturas, não havia uma abordagem sistemática do que estava sendo ensinado; por exemplo, vocabulário e estruturas não eram ordenados segundo um grau de dificuldade, complexidade ou nível de linguagem porque, de fato, esse método não estava embasado em nenhuma teoria de aprendizagem de língua.

A ênfase era a acuidade (exatidão) de pronúncia e o uso da gramática, portanto; os professores eram geralmente falantes nativos da língua a ser estudada, por serem tidos como "modelos perfeitos" da L2. Também cabia ao professor encorajar seus alunos a interagir oralmente por meio da formulação de perguntas que necessitassem de respostas.

Essas características forneceram aos professores desse método novos procedimentos a serem seguidos em sala de aula. Contudo, esses procedimentos não possuíam uma base teórica coerente, somente a suposição de que a aquisição de uma segunda língua seguiria os mesmos padrões da aquisição de L1.

Um grande número de linguistas criticou esse método por sua falta de embasamento teórico e, então, passou a tentar identificar uma teoria da natureza da língua e da natureza do processo de aprendizagem de uma língua, o que atribuiria uma base "científica" ao ensino de idiomas.

Dois métodos surgiram dessa busca: o audiolingual, nos Estados

Unidos; e o estrutural-situacional, na Inglaterra. Apesar de divergirem entre si em alguns aspectos, ambos recorrem à teoria estruturalista da língua e à teoria de aprendizagem behaviorista (ou comportamentalista).

3.1.3 O método audiolingual

O *audiolingual method*, formalmente desenvolvido nos Estados Unidos na década de 1950, possuía como base a visão da teoria estruturalista de linguagem, que consiste em um conjunto básico de padrões de sentenças e estruturas gramaticais elaboradas a partir de elementos mais simples (sentenças eram compostas de frases, que eram compostas de morfemas e estes eram compostos de fonemas). Aliada a essa visão, a L2 era vista como algo essencialmente oral e não escrito e, portanto, havia o pressuposto de que a fala era o elemento mais importante no ensino de idiomas. Isso fez com que "diálogos-modelo" fossem utilizados como forma de apresentar as estruturas gramaticais.

Talvez o fato mais importante, contudo, seja que o método audiolingual dizia basear-se na teoria do processo envolvido na aprendizagem de línguas, o qual, de fato, foi tomado emprestado da psicologia e norteava a teoria geral de aprendizagem (não especificamente a de idiomas). Essa teoria, chamada de *comportamentalista* (behaviorista), pregava que as pessoas aprendem a partir da formação de hábitos. Erros, segundo o que se acreditava na época, eram produto de maus hábitos e, no processo de aprendizagem de L2, também eram resultado da interferência dos hábitos de L1.

Tal visão da natureza e da aprendizagem de línguas resultou em um conteúdo programático que consistia de estruturas gramaticais ordenadas segundo o seu grau de complexidade e de acordo com as possíveis dificuldades que os alunos teriam, devido à interferência dos hábitos linguísticos de L1. Também se acreditava que a pronúncia seria aprendida da mesma maneira, o que lhe atribuía igual valor. Diante da pronúncia e das estruturas, o vocabulário era visto como de menor valor e ensinado como essencial para a prática estrutural. A imitação ou a mímica de modelos auditivos e a repetição eram vistos como atividades para uma boa formação de hábito linguístico. *Drills*, como são chamadas as atividades de repetição com substituição de elementos de vocabulário, eram o tipo predominante de treinamento a que um aluno era submetido, pois permitiam um rígido controle sobre uma boa (e correta) produção oral e um perfeito comportamento linguístico. Esses exercícios não consideravam a contextualização relevante, o que tornava a ação do aluno estritamente limitada à sequência estímulo-resposta.

Em contrapartida, segundo Richards e Rodgers (2001), o professor era a fonte primordial que forneceria a língua, o ensino e também era responsável pela apresentação e prática controlada da mesma, além de monitorar e corrigir os eventuais erros. Essa prática, como os autores esclarecem, atribuía a "incapacidade do aluno de obter resultados tão somente à aplicação incorreta do método".

Veja um exemplo:

> *Professor: Johnny's in England. (France)*
> *Aluno: Johnny's in France.*
> *Professor: (Spain)*
> *Aluno: Johnny's in Spain.*
> *Professor: (India)*
> *Aluno: Johnny's in India.*

Vale notar que nessa época surgiu o toca-fitas, equipamento que possibilitava que o aluno estivesse exposto a modelos que não eram suscetíveis a variáveis, como resfriados ou rouquidão. Nessa época, também foram criados os primeiros laboratórios de línguas, nos quais a sequência de estímulo (1) – resposta (2) – reforço (3) – segunda resposta (4) era muito mais facilmente controlada. Com base no exemplo utilizado, teremos:

Fita: Johnny's in England. (France) (1)
Aluno: Johnny's in France. (2)
Fita: Johnny's in France. (3)
Aluno: Johnny's in France. (4)
Fita: (Spain)
Aluno: Johnny's in Spain.
Fita: Johnny's in Spain.
Aluno: Johnny's in Spain.
Fita: (India)
Aluno: ...

Teoricamente, se o aluno repetisse 2 corretamente, quando ouvisse 3 e reconhecesse esta como exatamente a mesma resposta que havia dado em 2, seria "recompensado" ao perceber que a acertou. A segunda repetição em 4 reforça o hábito ou oferece uma segunda chance ao aluno, caso ele não tenha obtido sucesso na primeira vez. Em sala, o professor sinalizaria a aprovação por meio de um sinal positivo ou de um sorriso e, da mesma forma, o aluno receberia o mesmo estímulo uma segunda ou terceira vez, para que viesse a produzir a resposta desejada.

No final da década de 1950, os pressupostos da teoria behaviorista (comportamentalista) foram desafiados por Chomsky (1986), um linguista americano que salientou que a formação de hábitos não poderia explicar como um falante produz ou compreende a língua. Os humanos possuem a capacidade de entender e produzir uma linguagem que nunca aprenderam por meio da formação de hábito. Digamos que, por exemplo, você se depare com uma sentença muito estranha em português; apesar de perceber que há algo errado com ela, é capaz de produzi-la. Tente:

O gato penteava lentamente uma jaca.

Certamente o fato de você ter dito essa sentença não é uma questão de formação de hábito, mas sim o fruto de um conhecimento do sistema linguístico da língua portuguesa. Caso você tenha tido a oportunidade de observar como as crianças aprendem sua língua materna, provavelmente notou que elas cometem uma série de erros que não são explicados pela formação de hábito. Por exemplo, quase a totalidade das crianças aprende o passado dos verbos de forma correta "dei", "andei", "fiz" etc., ainda assim passam por uma fase transitória, na qual começam a produzir formas incorretas, como "di", "andi", "fazi". Com exceções, essas formas não foram aprendidas pela imitação dos adultos que têm à sua volta e, num breve espaço de tempo, elas voltam ao uso correto, o que ilustra que não necessariamente a L1 leva a "maus hábitos" em L2.

A rejeição das bases teóricas do método audiolingual propiciou a formação de novos métodos de ensino de língua. Os métodos e as abordagens atualmente utilizados estão baseados numa gama de teorias que envolvem diferentes aspectos do processo de aquisição de L1, processo de aquisição de L2 e condições consideradas necessárias para que a aprendizagem ocorra. Um desses métodos é o comunicativo, que veremos a seguir.

3.1.4 A abordagem comunicativa

O chamado *método comunicativo* originou-se essencialmente por duas razões: a insatisfação com a teoria estruturalista e o aumento considerável de adultos, na Europa, que tinham razões e necessidades bem específicas para desenvolver o interesse pelo aprendizado de uma língua estrangeira (Howatt, 1984).

Esses dois pontos fizeram com que esse método adotasse uma teoria comunicativa, como seu próprio nome sugere. Defensores do método comunicativo consideram o estruturalismo inadequado para descrever o conhecimento que um falante de uma língua possui. A habilidade de se comunicar em um idioma é vista como muito mais do que o conhecimento da forma das estruturas gramaticais. Por exemplo, um falante nativo de um idioma sabe que o imperativo pode ser usado para comunicar diferentes mensagens, tais como avisos, instruções, solicitações, entre outros. Analise:

> Olha o carro! (aviso)
> Solte o gancho. (instrução)
> Abra a porta. (solicitação)

Tal conhecimento não é considerado pelo estruturalismo, como vimos nas atividades descritas anteriormente.

Segundo Richards e Rodgers (2001), qualquer método de ensino deve levar em consideração o potencial comunicativo das estruturas. A relação entre certas estruturas e seus potenciais significados deve ser ensinada, para que os alunos sejam capazes de interagir e comunicar-se em uma língua estrangeira. O conteúdo potencial do método comunicativo, portanto, torna-se muito mais complexo do que uma lista de estruturas gramaticais (como no método audiolingual). A língua foi reanalisada de acordo com seus significados comunicativos e passou a ser categorizada em **funções** (reclamação, solicitação, convite, agradecimento, negação, oferta etc.) e **noções** (frequência, movimento, sequência, quantidade, localização etc.). Entretanto, essa atenção para com o significado não quer dizer que as estruturas perderam sua importância. Conforme Littlewood (1984) ressalta, o método comunicativo procura equilibrar sistematicamente os aspectos estruturais e semânticos (de função e de noção) da língua.

O objetivo geral desse método é a competência comunicativa (o conhecimento de como usar um idioma para atingir uma comunicação significativa, real). Contudo, reconhecer os diferentes objetivos dos alunos adultos (por exemplo, alguns desejavam ler e escrever correspondências comerciais; outros, entender e falar uma língua estrangeira para fins de viagens etc.) fez com que o objetivo da proposta do ensino da língua se tornasse o de responder às necessidades específicas, escolhendo apenas os aspectos do conteúdo que atendessem a tais objetivos. Ou seja, o método comunicativo não possui objetivos próprios para o ensino-aprendizagem da língua, porque eles só são especificados com base nas necessidades de um indivíduo ou de um grupo de alunos. Isso também faz com que todas as quatro habilidades linguísticas básicas (audição, fala, leitura e escrita) sejam reconhecidamente importantes, apenas tendo uma ou outra mais trabalhada conforme a demanda do aluno ou do grupo.

A combinação desses elementos fez com que a variedade de materiais que poderia ser utilizada fosse infinita, desde que atendesse às necessidades comunicativas do aluno. Isso oportunizou o surgimento de diversas formas de atividades, tais como preenchimento de lacunas, jogos e representações (*role-plays*), modernização de atividades mais tradicionais herdadas do método audiolingual (para terem real significado e valor comunicativo) e inserção do uso de material autêntico (como texto do dia a dia do aluno, revistas, jornais etc.).

Por mais interessante que isso pareça, é preciso lembrar que esse método não possui uma teoria de aprendizagem de língua; apesar da vasta gama de suas atividades sugerirem que há um princípio que o norteie, muito é feito com base no "aprender fazendo" (Richards; Rodgers, 2001). Diferentemente dos métodos de tradução gramatical, o direto e o audiolingual, os alunos no método da abordagem comunicativa deveriam interagir entre si, em pares ou em grupo, e muito pouco com o professor. Consequentemente, o papel desse profissional é essencialmente encorajar e facilitar o uso comunicativo do idioma por meio de materiais adequados e da organização de atividades que proporcionassem a interação entre os alunos.

A busca da precisão (correção gramatical e de uso de vocabulário) já não é tão rígida quanto nos métodos anteriores, a menos que a imprecisão prejudique a compreensão e a emissão de mensagens entre as partes, ou seja, a comunicação. Igualmente, a organização dos alunos em pares ou grupos pressupõe a cooperação entre os estudantes durante a execução das atividades propostas, bem como a colaboração na correção de erros dos colegas.

Retomando as definições de métodos e abordagens apresentadas no início do item 3.1 – "Metodologia e abordagens do ensino de línguas" (a abordagem não determina os procedimentos em sala de aula, enquanto o método possui um plano sistemático de como a língua deverá ser ensinada), temos de concordar com Richards e Rodgers (2001) que a variação de procedimentos que são adotados pelo CLT (*communicative language teaching*) não nos permitem, de fato, classificá-lo como **método**, mas como **abordagem**.

A contribuição da abordagem comunicativa é inegável, e a flexibilização de atividades é riquíssima. Contudo, surgiram novas descobertas (Dulay; Burt, 1974; Fathman, 1975; Makino, 1980 citado por Krashen, 1996) que sugeriram que a aquisição de estruturas gramaticais segue uma "ordem natural" que é previsível e, com elas temos Stephen Krashen (linguista) e Tracy Terrell (professor de língua estrangeira) – que estudaremos a seguir.

> Stephen Krashen (nascido em 1941, Chicago, Illinois, EUA) é um linguista e pesquisador educacional muito conceituado que realizou grande contribuição para a área de aquisição de segunda língua, educação bilíngue e leitura.

3.1.5 A abordagem natural

Aos olhos de Krashen (1996) e Terrell (2002), era incômodo observar a dissociação de um quadro em que uma pessoa pode adquirir uma língua estrangeira atingindo um grau de proficiência próximo ao da língua materna. Na maioria dos casos, porém, com pouco ou nenhum conhecimento de fonologia, tempos verbais, declinações ou regras de escrita – embora sabendo usá-los intuitivamente, e no caso em que há o processo de aprendizagem formal da língua, no qual se aprende toda a nomenclatura técnica (presente perfeito, pergunta indireta, verbos modais etc.) –, existe um número assustador de alunos que dificilmente sabe quando usar tal estrutura e se encontra despreparado para uma interação comunicativa real.

A teoria de Krashen (1996) difere de tantas outras por reconhecer semelhanças entre a aquisição de L1 e a aquisição de L2, mas também por delinear claramente as diferenças consideráveis existentes entre uma criança adquirir L1 e a forma como as pessoas aprendem uma língua estrangeira. Para ele, os alunos devem ser encorajados a adquirir a língua estrangeira da mesma forma que o fizeram quando adquiriram a língua materna – sendo expostos a um nível de complexidade linguística pouco maior daquele que conscientemente compreendem, uma vez que o ambiente e o professor podem fornecer pistas (dicas) do contexto em que estas se encontram inseridas (*the input hypothesis* – hipótese de recepção de informação) – tal como ocorre em todo o ambiente natural do aluno (em casa, com familiares, no trabalho).

Contudo, conforme a teoria de aprendizagem de língua de Krashen (1996), o processo de desenvolvimento de uma segunda língua em um adulto conta com a possibilidade de este poder monitorar e corrigir seus erros ao referir-se ao conhecimento consciente sobre a L2 (*the monitor hypothesis* – hipótese de monitoramento), o que não ocorre na aquisição de L1. Aliado a isso, o estado emocional de um adulto pode dificultar (ou até impedir) um aprendizado efetivo; se, por exemplo, o aluno estiver ansioso ou tenso pelo receio de cometer um erro ou por sentir-se encabulado (tímido) frente aos outros colegas de curso.

Acredita-se que tais estados emocionais (ou afetivos) não estão presentes no processo de aquisição de L1, ao que Krashen (1996) propõe que o desenvolvimento da habilidade auditiva (ouvir) antecede a produção oral (falar), e sugere que os alunos da aprendizagem formal somente falem em L2 quando se sentirem afetivamente prontos para tal. Seguindo tal sequência, acionaremos um filtro afetivo ou emocional (*affective filter*), que permite ao professor (e direta ou indiretamente ao aluno) lidar positivamente com variáveis afetivas como autoestima, motivação, autoconfiança e ansiedade, de forma a oportunizar um ambiente mais favorável ao aprendizado. Nos casos em que essas variáveis se encontram em baixa, temos um filtro afetivo alto, o que gera um "bloqueio mental" do aluno frente ao que o professor está tentando ensinar (e, às vezes, esse bloqueio é transferido igualmente à figura do professor). No caso inverso – variáveis emocionais altas – temos um filtro afetivo baixo, praticamente não acionado, o que favorece maior aprendizado e melhor retenção.

O papel do professor é, portanto, proporcionar ao aluno as condições necessárias favoráveis à aprendizagem da língua – um ambiente amigável e seguro, no qual os estudantes não estejam expostos a qualquer pressão para iniciar sua produção oral (a menos que o desejem fazê-lo), materiais atrativos e estimulantes e de boa compreensão – e organizar atividades que promovam a comunicação. Aos alunos não cabe tentar aprender a língua de forma consciente, mas sim ter uma postura participativa nas atividades comunicativas.

Como você pôde verificar, dos métodos e das abordagens até agora retomados, a abordagem comunicativa está focada principalmente na língua, ou seja, essa abordagem baseia-se na teoria da natureza da língua (em contraposição à teoria da natureza do aprendizado da língua). Entretanto, notamos que todos os outros métodos e abordagens levam em consideração dois aspectos de resposta psicológica que influenciam a aprendizagem; são eles:

a. respostas psicológicas que são parte do **processo** de aprendizagem de uma língua. Estas são universais (por exemplo: processos mentais comuns a todos os alunos de uma língua estrangeira) e que resultam da forma que o cérebro humano opera e processa o desenvolvimento linguístico;
b. respostas psicológicas afetivas ou emocionais que podem afetar alguns alunos individualmente e que surgem das reações pessoais frente às várias **condições** da situação de aprendizagem.

Apesar de as duas respostas psicológicas terem de ser atendidas no processo de ensino-aprendizagem, somente a segunda pode ser influenciada (de certa forma) pelo professor por meio de uma reorganização da sala de aula, de atividades que produzam um ambiente mais positivo e de uma postura menos impositiva.

As respostas psicológicas listadas em "a" podem ser favorecidas pela tentativa do professor de descobrir (já que em muitos casos ele tem dificuldades em verbalizar) quais as possíveis atividades que favoreceriam o processo de aprendizagem de determinado aluno.

Os métodos e as abordagens que atribuem maior ênfase às condições necessárias para que a aprendizagem de uma língua ocorra são chamados de *métodos humanistas*. Isso não significa, entretanto, que eles não compartilhem das teorias da natureza da língua e/ou das teorias do processo de aprendizagem de línguas. Um outro princípio que rege os métodos humanistas é o de que o ensinar está subordinado ao aprender, ou seja, as atividades em sala de aula estão centradas no aluno, não no professor (Scrivener, 2005).

Entre esses métodos, temos *community language learning* (comunidade de aprendizagem), *the silent way* (o método silencioso), *suggestopedia* (a sugestologia) e *total physical response* (resposta física total), os quais veremos em detalhes nos próximos itens.

3.1.6 Comunidade de aprendizagem

Elaborada por um americano chamado Charles Curran, citado por Richards e Rodgers (2001), professor de Relações Humanas e de Psicologia e especialista em Aconselhamento, essa abordagem parte da tese de que os princípios do aconselhamento são igualmente úteis e aplicáveis ao aprendizado de uma língua. Da mesma forma que os clientes em aconselhamento psicológico devem ter confiança absoluta no tutor para que possam fazer progresso na resolução de seus próprios problemas, os alunos em uma sala de aula devem confiar plenamente no professor (e no grupo), de forma a poder lidar com o "problema" da aprendizagem de uma língua estrangeira (Williams; Burden, 1997).

O primeiro princípio humanista – o da importância do estado mental (citado em 3.1.5.a) – é o que rege a insistência para que o aluno esteja totalmente livre de qualquer tipo de ansiedade na sala de aula e de que é preciso formar um grupo que se apoie mutuamente (uma comunidade) durante todo o processo de aprendizagem de um idioma. O segundo princípio básico do humanismo – o ensino está subordinado ao aprendizado (citado em 3.1.5.b) – é contemplado no próprio nome desse método: comunidade de aprendizagem, e não de ensino. Sendo assim, segundo Richards e Rodgers (2001), o método tem como objetivo maior transferir a responsabilidade pela aprendizagem do professor para o aluno.

O conteúdo é determinado pelos assuntos que os alunos desejam comunicar uns aos outros em sala de aula em uma língua estrangeira e é, portanto, possível de ser identificado apenas depois do término do curso. Porém, o professor pode vir a analisar em maiores detalhes um aspecto ou outro da língua, quando e se considerar necessário. Com base nisso, podemos presumir que a teoria da língua aplicada nesse método é a tradicional, a qual consiste de sons básicos, padrões gramaticais e itens lexicais, sendo o foco principal a proficiência oral em L2.

Nenhuma teoria do processo de aprendizagem é detalhada para além da menção de que envolve a "resolução de problemas".

Apesar de apresentar uma aparência tranquila, esse método é alvo de críticas por parte dos renomados linguistas Richards e Rodgers (2001), que, primeiramente, questionam a proximidade entre o aconselhamento e o ambiente em sala de aula. Um segundo ponto levantado é que o professor não deveria tentar usar técnicas de aconselhamento sem um treinamento adequado. Nunan (1991) declara que há perigos iminentes para um professor inexperiente, uma vez que "o método está diretamente apoiado nas emoções e atitudes do aluno e pode liberar tanto emoções negativas quanto positivas. Tal abordagem pode fomentar hostilidades interpessoais que podem vir a ser difíceis de serem contornadas ou controladas". O resultado disso, ele ressalta, "pode, na verdade, destruir a coesão e a solidariedade que o método supostamente deve criar".

> Dr. David C. Nunan (1949) é linguista e autor mundialmente renomado na área de ensino de inglês para falantes de outros idiomas. Atualmente, é responsável pela área de linguística aplicada e diretor do Centro de Inglês da Universidade de Hong Kong, China. Seus livros e artigos contemplam as áreas de conteúdo de cursos, desenvolvimento de materiais, pesquisas em salas de aula e análise do discurso.

Outro aspecto merecedor de críticas por parte de Richards e Rodgers (2001) é que, conforme mencionado anteriormente, não há conteúdo programático, o que torna os objetivos obscuros e dificulta a avaliação, sem mencionar que a supervalorização da fluência pode levar à imprecisão.

Após tantas críticas apontadas a esse método, você deve estar imaginando que há outro por vir. Isso mesmo! Vamos a ele.

3.1.7 O método silencioso

Apesar das críticas ao método anterior, Nunan (1991) salienta algumas semelhanças entre aquele e o método silencioso. Caleb Gattegno, citado por Nunan, que inventou o método silencioso, também estipula que o ensinar esteja subordinado ao aprender. Além disso, ele exige que o professor permaneça silencioso o maior tempo possível, para que os alunos produzam a maior parte da linguagem e, dessa forma, sejam encorajados a descobrir ativamente e por si mesmos as regras gramaticais, tornando-se, assim, juízes de sua própria precisão, tanto na pronúncia quanto na estrutura. Ou seja, assim como no método anterior, o método silencioso dá ênfase à independência dos alunos por meio da tomada de controle consciente sobre a sua aprendizagem. Tal postura está em plena consonância com a teoria de aprendizagem, que determina que o aprendizado envolve descoberta, criatividade e resolução de problemas. Consequentemente, a gramática é ensinada de forma indutiva, e espera-se que os alunos tenham um aprendizado ativo por meio da tentativa e do erro, assumindo o controle e a avaliação do que produzem (Nunan, 1991).

O aspecto humanístico relativo ao ambiente seguro e sem pressão é contemplado pelo silêncio do professor, o qual não corrige, critica ou elogia qualquer produção dos alunos, sendo apenas um observador neutro do trabalho destes.

Contudo, o conteúdo do método silencioso parece refletir uma visão estruturalista da língua, como uma combinação entre vocabulário e estrutura: as habilidades enfocadas são a compreensão auditiva e a fala, a pronúncia correta e a gramática, aliadas à aprendizagem de vocabulário.

Para tal, o papel do professor é apresentar um modelo de língua (lembrando que o tempo utilizado para isso deve ser mínimo), fornecer a oportunidade para que os alunos o pratiquem independentemente e assegurar que o ambiente seja "seguro" para tornar o aprendizado efetivo.

Como Gattegno, citado por Nunan (1991), acredita que a memória é auxiliada por "recursos visuais", os materiais de apoio utilizados em sala de aula são as hastes (*cuisinière rods*) e os quadros. O uso de repetição e a obtenção sistemática de informações que levam os alunos a uma produção oral menos dirigida são semelhantes aos do método audiolingual e da aprendizagem em comunidade.

O método que veremos a seguir também sustenta que o estado mental do aluno é fundamental para o sucesso da aprendizagem de uma língua. Vamos ver que método é esse?

3.1.8 A sugestologia

Segundo Richards e Rodgers (2001), Georgi Lozanov, que desenvolveu a sugestologia, propõe que a ansiedade é uma emoção negativa, que pode ser combatida por meio do novo nome e da biografia do aluno que são relacionadas à cultura da língua a ser aprendida, o que proporciona um ambiente de aprendizagem agradável e que é complementado por poltronas confortáveis dispostas em uma sala pintada de uma cor clara e atrativa.

> Georgi Lozanov (22/07/1926) é um educador e psicólogo búlgaro que emergiu na década de 1970 por meio do aprendizado acelerado e de sua teoria da sugestologia (*suggestopedia*), na qual várias técnicas, incluindo a respiração e a música, são consideradas potencializadoras do aprendizado.

Ainda segundo os autores, Lozanov também considera que a aprendizagem efetiva da língua envolve a memorização e a lembrança de um grande volume de vocabulário, e que há um estado mental em especial que é "ideal" para o aprendizado: um estado de "vigília", no qual os alunos estão abertos a "sugestões", ou seja, a novas informações. Nesse estado "ideal", os alunos estão relaxados, mas suficientemente alerta para se concentrarem no que estão aprendendo.

Há vários fatores que levam os alunos a esse estágio "ideal", como, por exemplo, aulas que começam com atividades de respiração da ioga e som de música barroca enquanto o professor lê diálogos ou trechos em voz alta. Esse estado mental de "vigília", acredita Lozanov, favorece não só a aprendizagem de uma quantidade enorme de vocabulário, mas também uma rápida proficiência conversacional (Richards; Rodgers, 2001). Ele também sugere que a memória é favorecida quando a informação vem de uma fonte autoritária – postura que se espera que o professor assuma nas aulas.

Os diálogos ou textos lidos pelo professor (tendo a música de fundo) são a base para uma análise formal da língua pelo professor e pelos alunos e, posteriormente, também utilizados para apresentações. Apesar de não haver um detalhamento da teoria da língua, o conteúdo de vocabulário e regras gramaticais parece refletir uma visão tradicionalista da língua, como se consistisse de vocabulário e análise de regras que organizem seu uso.

A observação e a pesquisa sobre como as pessoas aprendem (ou adquirem) um idioma sempre fez novas hipóteses surgirem, que, assim como os linguistas, os psicólogos procuravam compreender e teorizar. Falando nisso, vamos ver o que o nosso próximo subitem nos traz?

3.1.9 Resposta física total

Um dos psicólogos mencionados é James Asher, da San Jose State University, Califórnia, que, por acreditar que a aquisição de L1 é resultado de os adultos falarem com seus filhos sobre movimentos físicos ao mesmo tempo em que estes são executados, desenvolveu a resposta física total. De acordo com a visão de Asher (citado por Nunan, 1991), a criança entende e aprende a língua por meio das instruções que ouve e às quais se espera que ela reaja fisicamente, por exemplo: "ponha o casaco", "coloque o sapato", "tire o dedo da boca". Para o autor, é essa coordenação entre a língua materna (L1) e a ação corporal que conduz ao desenvolvimento da língua. Por se tratar de um processo "natural" e defender que o ouvir deva acontecer antes do ato de falar, Asher acredita que a L2 possa ser adquirida da mesma forma.

Tal como os outros métodos e abordagens humanísticas, a resposta física total enfatiza a importância do estado mental do aluno. Asher (citado por Nunan, 1991) acredita que o estresse e a ansiedade levavam os alunos ao insucesso no aprendizado de uma língua estrangeira. Contudo, para ele, a fonte de estresse não está tão intensamente ligada às condições do ambiente de aprendizagem, mas sim a uma má escolha das atividades de aprendizagem de língua em relação ao processo de aprendizagem em si. A ansiedade, segundo o autor, acontece especialmente quando alunos são forçados a falar sem que se sintam prontos para tal.

Richards e Rodgers (2001) salientam que o conteúdo desse método é tradicional quanto ao seu enfoque no léxico e nas estruturas – para Asher (citado por Nunan, 1991), a estrutura do imperativo é a mais produtiva. As atividades em formato de jogos geralmente possuem a forma de *drills*, porém acompanhados de ações físicas.

Apesar de não haver uma teoria de língua envolvida, pode-se dizer que o método possui uma visão estruturalista, na qual o professor pode ser visto como um "diretor de cena" e os alunos como os "atores".

3.1.10 A abordagem lexical

A partir de 1990, o enfoque principal do processo de ensino-aprendizagem de uma língua era a necessidade de aprimorar a competência comunicativa do aluno; por isso, a abordagem lexical se concentrou no desenvolvimento da proficiência e do domínio do léxico ou de palavras e combinações de palavras. Essa abordagem baseia-se na ideia de que uma parte importante da aquisição de linguagem é a habilidade de compreender e produzir frases lexicais como fragmentos inteiros não analisados (*chunks*), e que esses fragmentos tornam-se dados não elaborados pelos quais os alunos percebem padrões de linguagem, geralmente, considerados como "gramática" (Lewis, 1993).

Apesar de a ideia de frases lexicais não ser novidade, pois Nattinger, DeCarrico e Cowie, citados por Richards e Rodgers (2001), já os definiram anteriormente, elas ainda são tratadas como uma parte distinta nas aulas de idiomas. São apresentadas como alternativas comunicacionais orais, como "de nada", "como?", "você poderia repetir isso, por favor?", ou escritas, como em "por outro lado", "em oposição à" ou "isto posto".

Para Lewis (1993), que cunhou a expressão **abordagem lexical**, é, portanto, fundamental que o professor se desprenda do conceito errôneo de que a gramática é a base da língua, e que o domínio do sistema gramatical é um pré-requisito para uma comunicação efetiva. Na verdade, a língua consiste de "léxico gramaticalizado, não de gramática lexicalizada", conforme o autor, na qual o léxico fornece o significado à mensagem, e a gramática se presta à formatação adequada da mensagem. Há de se fazer, também, uma clara distinção entre *vocabulário*, tradicionalmente entendido como um agrupamento de palavras isoladas com significado fixo, e *léxico*, que inclui não somente as palavras isoladas, mas também combinações de palavras que auxiliam a produção de um texto coerente, tais como: "a propósito", "até o momento", "se eu fosse você", "senso de humor", "parece bom", "vai e vem", "levando em consideração", entre outros.

Essas premissas nos levam a uma dedicação mais forte, ao desenvolvimento e à amplitude de vocabulário, à adequação de uso, ao entendimento e às produções de expressões típicas de uma língua – inclusive exclamações de admiração, espanto, surpresa, entre outros – e à expressão corporal que os acompanha. Afinal, não há uma comunicação completa e íntegra se apenas utilizarmos as palavras de L2, se mantivermos a postura corporal, a inflexão da voz, o ritmo e as atitudes de L1. Da mesma forma, não basta um enfoque reforçado na estrutura gramatical se o aluno não conhecer o vocabulário necessário para determinada situação.

Um exemplo muito claro disso é quando entramos em contato com um falante natural da língua-alvo. Ele não se preocupará em analisar a estrutura gramatical da sentença que irá produzir ao ver que seu cachorro fugiu, simplesmente expressará seu choque, seu desapontamento ou sua ira em uma única palavra ou sentença que, muito provavelmente, não encontraríamos nos livros didáticos até um passado recente. Outro exemplo é observar o espanto de migrantes e estrangeiros sendo expostos a expressões como "pois não" (significando "sim"), "pois sim" (significando "não"), expressões regionais como "boi ralado" (carne moída), gírias como "tipo assim" (significando "por exemplo") e tantas outras.

A preocupação central da abordagem lexical é orientar o aprendizado de L2 de forma que haja o máximo de proximidade entre o que deve ser dito e como deve ser dito, de modo a minimizar o estranhamento pelo uso inadequado ou até mesmo a incompreensão do que se deseja. Para tal, as atividades permitem uma maior amplitude na escolha de vocabulário, além de incentivar o entendimento de metáforas e ironia, entre outras, por exemplo (Mascull, 2001):

Associe as possíveis combinações (fornecendo complementos, quando necessário) e depois elabore sentenças e contextos em que estas poderiam ser encontradas:

técnica	publicitário
promoção	*marketing*
panfleto	públicas
campanha	varejo
relações	preço
marketing	promocional

Segundo Lewis (1993), para atingir os objetivos de amplitude dessa abordagem, é necessário que o material e as técnicas aplicadas aos alunos dos níveis iniciante e básico sejam radicalmente diferentes daquelas empregadas aos dos níveis intermediário e avançado. Igualmente, ele pressupõe uma reorganização do programa, de modo que este contemple maior e melhor contextualização para os itens lexicais a serem trabalhados.

Essa preocupação deve-se à tendência natural do ser humano – e em especial do aluno – que, na maioria das vezes, após o aprendizado de uma forma de expressar, por exemplo: "qual é o seu nome?", em L2, não importa quantas variáveis o professor lhe apresente, ele só usará uma. A aquisição ou o aprendizado de uma outra variável só se dará em um dos dois casos: a) por meio de atividades que permitam a prática de forma variada; e b) quando estiver em contato com um falante natural de L2 ou exposto a um filme (ou livro) em que uma variante seja amplamente utilizada.

Você também encontrará essa aplicação sistêmica e contextualizada em nosso próximo subitem.

3.1.11 Aprendizado baseado em tarefas

Antes de falarmos sobre essa abordagem, é preciso esclarecer que a palavra *tarefa*, neste texto, significa o produto final, o resultado de um processo planejado de construção do conhecimento (muito diferentemente da *lição*, que é atribuída ao aluno para ser completada em casa).

Como você pôde notar, as abordagens de ensino de línguas tornaram-se gradativamente mais centradas no aluno, observando suas necessidades e interesses, selecionando material, atividades e tarefas que o auxiliem a conquistar o domínio de um novo idioma.

Na abordagem mais conhecida como *task-based learning* (TBL), a aprendizagem acontece por meio de atividades desenvolvidas como se fossem passos para a obtenção de um resultado maior: a finalização de uma tarefa. Para tal, o enfoque não se dá em aspectos linguísticos descontextualizados, mas sim no uso da língua como ferramenta para a realização de necessidades comunicativas reais (Willis, 1996).

Contrária a outras abordagens, a base do TBL não parte de apresentar ao aluno o vocabulário e as estruturas que ele deve usar em determinado contexto, mas sim de contemplar as necessidades comunicacionais que uma determinada tarefa exija, levando em conta o conhecimento prévio desse aluno e a sua capacidade de dedução e análise de linguagem para explorar completamente uma situação.

O planejamento anteriormente mencionado refere-se às etapas a serem cumpridas e a uma cuidadosa consideração quanto aos materiais a serem utilizados, a saber (Willis, 1996):

~ **pré-atividade**: *é a fase, em que o professor apresenta o tema, fornece claras instruções aos alunos quanto à atividade a ser desenvolvida e pode ajudar os alunos a lembrar de alguns itens de vocabulário que possam ser úteis no decorrer do processo. Conforme a atividade a ser desempenhada, essa etapa também pode incluir a apresentação de uma gravação sobre um grupo desenvolvendo uma atividade similar, já que isso fornecerá um claro modelo do que se espera que eles atinjam – os alunos podem até mesmo tomar notas, caso considerem importante para a sua preparação;*

~ **atividade**: *é o momento em que os alunos completam a atividade, em pares ou em grupo, usando os recursos linguísticos de que dispõem e contando com o apoio do professor;*

~ **planejamento**: *nessa fase, os alunos preparam um breve relato (oral ou escrito) sobre o que ocorreu durante o desenrolar da atividade feita com seu par ou grupo. Como esse relato será anunciado para toda a sala, os alunos devem se preparar para fazê-lo elaborando e praticando suas falas, sempre podendo contar com o suporte do professor quanto à melhor estruturação de suas falas, se necessário;*

~ **relato**: *é quando os alunos apresentam seu relatório à sala, podendo fazer isso oralmente ou por meio da sua leitura. O professor determina a sequência das apresentações e poderá fazer um breve comentário sobre o seu conteúdo ao final. Nessa fase, o professor também poderá optar por apresentar uma gravação em áudio ou vídeo de um outro grupo desenvolvendo a mesma atividade para possibilitar comparações e comentários;*

~ **análise:** *nesse momento, o professor destaca os pontos relevantes da gravação e poderá pedir que os alunos analisem aspectos que consideram importantes para aquele grupo, inclusive ressaltar pontos linguísticos que os alunos utilizaram na fase anterior e nesta;*

~ **prática:** *é quando o professor finalmente seleciona áreas linguísticas que deseja praticar com o seu grupo, com base nas necessidades de expressão identificadas em qualquer das fases anteriores. Essa prática consiste em atividades que visam consolidar novos conhecimentos, bem como fomentar a autoconfiança dos alunos.*

Provavelmente você já fez, consciente ou inconscientemente, alguma atividade com o(s) seu(s) grupo(s) que inclui essas fases, como, por exemplo, preparar uma salada de frutas, organizar um lanche comunitário, pedir para que seu grupo escreva e monte uma pequena peça de teatro, trazer um "caso misterioso" para o qual os alunos devem encontrar a solução, entre outros.

Os exemplos de atividades mencionados geram a necessidade de aprender a usar uma linguagem própria para a situação, o que cria a possibilidade da aquisição de L2 (Krashen, 1996). Ao tirarmos o foco da forma e da estrutura de uma língua, podemos desenvolver a habilidade de realizar as atividades em L2. Isso, porém, não significa esquecer a acuidade linguística, uma vez que há um trabalho específico de atenção à produção do aluno, ao retorno, ao trabalho linguístico e à prática. A ótica, de fato, é poder proporcionar atividades que exijam do aluno o uso de L2 em sala de aula, tal como ele usa L1 em suas atividades diárias. Isso, sem dúvida, demanda considerável planejamento de aula e preparo por parte do professor, uma vez que é grande a possibilidade de ser questionado a respeito de assuntos e, consequentemente, dos vocabulários sobre os quais não possua domínio. Contudo, isso pode ser revertido segundo a ótica da aprendizagem colaborativa, ou seja, o entendimento de que o professor não precisa, necessariamente, ser versado em todos os assuntos, mas que deve, sim, ser um grande amigo e colaborador na construção do conhecimento.

A principal vantagem desse método é a possibilidade do uso de L2 com propósito claro, definido e real, uma vez que o assunto, o vocabulário e a estrutura linguística são pertinentes ao contexto e às necessidades do aluno. Igualmente, esse método permite e propicia a necessidade de integrar as quatro habilidades básicas (ouvir, falar, escrever e ler), transitando da fluência (expressão oral contínua) para a acuidade (precisão de forma) por meio de uma gama de atividades (leitura de textos, exposição a informações orais, resolução de problemas, questionários, interpretação e outros) que oferecem interesse e variedade – dois elementos fundamentais para a motivação do aluno.

Pela descrição oferecida dos métodos, você pôde observar uma variação no maior ou menor uso de estratégias, mecanismos e recursos no ensino de línguas. Também foi possível notar o deslocamento da concentração em aspectos meramente linguísticos e centrados no professor para o enfoque nas condições de aprendizagem oferecidas pela escola ou pelo professor, que venham a facilitar o alcance dos objetivos dos alunos e a satisfação de suas necessidades de comunicação efetiva na língua-alvo.

Fundamental é lembrar de que nenhum dos métodos e abordagens apontados é superior ou inferior a outro, apenas atendem a diferentes objetivos. Além disso, é essencial examinar e validar suas crenças quanto ao processo de ensino-aprendizagem para que sua prática em sala de aula seja consistente e auxilie seus alunos a atingirem os resultados desejados. Isso significa dizer que a adoção de um único método não é recomendada, mas sim a associação de técnicas dos diversos métodos que possam ser adaptados ao seu estilo de ensino e à realidade em que você e seus alunos se encontram.

Visando oferecer uma visão mais esquemática dos métodos e abordagens estudados, observe o quadro a seguir e recorra a ele toda vez que desejar uma referência rápida e sintética.

Quadro 3.3 – Visão esquemática dos métodos e abordagens estudados

Método / abordagem	Teoria da língua	Teoria da aprendizagem da língua	Objetivos linguísticos	Conteúdo	O papel do professor e do aluno	Tipos de atividades e a importância do material didático ou de suporte
Método de tradução gramatical	Não há teoria.	Não há teoria.	Treinamento e desenvolvimento intelectual.	Uma lista de regras gramaticais a serem aprendidas (ensino dedutivo).	O professor se assegura de que os alunos saibam os "fatos" e sejam precisos em suas atividades. Os alunos são receptores passivos do conhecimento.	Aplicação correta e precisa de regras gramaticais para poder traduzir sentenças. O material didático consiste de livros e cadernos.
Método direto	Não há teoria.	Não há teoria, mas parte do pressuposto de que a aquisição de L2 pode ser "natural" como a de L1.	Proficiência oral, precisão (auditiva e de produção oral), pronúncia e uso da gramática.	Expressões, vocabulário e estruturas do dia a dia (ensino indutivo).	O professor é o modelo e procura obter conhecimento dos alunos; ele também os encoraja a interagirem oralmente entre si.	Perguntas e respostas; inicialmente não há material, e a interação com o professor é oral.

(continua)

Método audiolingual	Linguagem estruturalista, ou seja, padrões de sentenças e estruturas gramaticais, hierarquia de elementos.	Behaviorismo (formação de hábito), imitação e repetição.	Pronúncia e estruturas.	Estruturas gramaticais ordenadas por grau de dificuldade e sequenciais.	O professor é a fonte de linguagem e de aprendizagem. Os alunos possuem papel limitado a responder e a reagir aos estímulos fornecidos pelo professor.	Exercícios de substituição (*drills*), repetição e jogos.
Abordagem comunicativa	Conhecimento linguístico comunicativo significando do maior conhecimento da forma estrutural e do significado.	Não há teoria, mas pressupõe que "se aprende fazendo".	Competência comunicativa; o desenvolvimento das habilidades linguísticas depende dos objetivos do aluno.	Estruturas, funções e noções.	O professor encoraja e facilita o uso comunicativo da língua. Os alunos cooperam por meio de atividades em pares ou em grupos e da correção mútua.	Grande variedade de formas de exercícios: preencher lacunas, jogos, representação, diálogos-modelo, textos autênticos – sempre relacionados às necessidades dos alunos.

(*Quadro 3.3 – continua*)

Abordagem natural	Não há teoria.	Teoria complexa sobre as condições e processo de aprendizagem. Ordem natural de aquisição (semelhante a L1), mas monitoramento consciente e correção; receio e timidez eram levados em conta (diferentemente da aquisição de L1); ouvir antes de falar.	Dependem das necessidades do aluno (tal como na abordagem comunicativa). Ser comunicativo.	Estruturas e vocabulário.	O professor deve tornar seguro o ambiente de aprendizado, fornecer material estimulante que seja compreensível, organizar atividades que promovam a comunicação em L2. Os alunos participam ativamente.	Mímica, fotos, gravuras, audição e demais materiais comunicativos.
Método de aprendizagem em grupo	A língua consiste de sons, padrões gramaticais e itens lexicais.	São considerados processos e condições de aprendizagem, não há pressão nem ansiedade, aprender é sinônimo de resolver problemas.	Proficiência oral.	Depende do que o aluno deseja comunicar.	O professor torna o ambiente seguro para a aprendizagem e dá suporte ao aluno. Os alunos tornam-se independentes do professor.	Conversações entre alunos são gravadas e transcritas para posterior análise formal da língua.

(*Quadro 3.3 – continua*)

Método silencioso	Linguagem estruturalista, envolvendo vocabulário e estruturas.	Processos e condições de aprendizagem são importantes; uso da descoberta, da criação e solução de problemas; ensino indutivo da gramática.	Habilidades auditivas e de produção oral.	Gramática e vocabulário.	O professor fornece o modelo, mas permanece em silêncio. Os alunos produzem a maior parte da linguagem, descobrem as regras gramaticais, julgam sua própria acuidade e tornam-se independentes, adquirindo total controle (consciente) de seu aprendizado.	Hastes (rods) de diferentes cores e tamanhos, e quadros para suporte visual e memorização.

(*Quadro 3.3 – continua*)

(Quadro 3.3 – conclusão)

Sugestologia	Tradicional, baseada em vocabulário e gramática.	Processos e condições de aprendizagem são importantes; ansiedade é vista como algo negativo. Estado emocional pseudopassivo para otimizar a memorização.	Vocabulário.	Vocabulário e regras gramaticais.	Sem papéis definidos: o professor inicia a aula com técnicas de relaxamento e respiração da ioga; os alunos, em estado de semivigília, absorvem as palavras do professor.	Diálogos e estórias lidos pelo professor ao som de música clássica; jogos são utilizados para consolidar o que os alunos "absorveram" na aula.
Resposta física total	Estruturalista.	Processos e condições de aprendizagem são importantes. Coordenação entre linguagem e ações físicas; aquisição de L1 é igual à aquisição de L2. Ouvir antes de falar.	Precisão gramatical.	Léxico e estruturas (especialmente a forma imperativa).	O professor é visto como o diretor ou condutor, e os alunos, os atores.	Atividades com formato de jogos e brincadeiras, *drills* e ações físicas.

Analisando o quadro e comparando os aspectos apontados com a sua realidade de ensino, é provável que você tenha observado que nem sempre é fácil contemplar as exigências de certos métodos e abordagens, como a total ausência de pressão ou um ambiente absolutamente seguro e tranquilo para um bom aprendizado – o próprio ritmo de vida das diferentes regiões favorece tais condições em maior ou menor grau.

Em contrapartida, você já deve ter percebido que, de forma consciente ou não, faz uso de uma mescla de técnicas e abordagens, atribuindo a estes seu toque pessoal na forma de conduzir as atividades e as suas aulas.

Em nosso último capítulo, estudaremos como as diversas formas de comunicação e tecnologias podem ser aplicadas ao ensino de línguas. Mesmo que algumas das aplicações apresentadas lhe pareçam, em primeira instância, impraticáveis, permita-se tempo e desprendimento para analisá-las e, quem sabe, descobrir formas alternativas de adaptá-las aos mecanismos de que você dispõe em sua região. Permita-se ser criativo e buscar uma variedade de ações que possibilitem um aprendizado interessante, consistente, divertido e útil aos seus alunos.

Síntese

O terceiro capítulo revisa métodos e abordagens adotados no ensino de línguas e lança um olhar sobre como as tecnologias disponíveis em cada época auxiliavam o alcance de objetivos comunicacionais.

Este capítulo também apresenta um quadro sintético das principais características dos métodos e abordagens, incluindo o papel do professor e do aluno.

Indicações culturais

O TERMINAL. Direção: Steven Spielberg. EUA: DreamWorks, 2004. 1 DVD (128 min), widescreen, color.

ESPANGLÊS. Direção: James L. Brooks. EUA: Columbia Pictures Industries Inc. 2004. 1 DVD (130 min), widescreen, color.

O REI e eu. Direção: Walter Lang. EUA: 20th Century Fox, 1956. Colorizado por computador em 2004 pela 20th Century Fox Home Entertainment. 1 DVD (144 min), widescreen, color.

Atividades de Autoavaliação

1. Com base nas descrições de procedimentos adotados em sala de aula a seguir, identifique a qual dos métodos humanistas cada uma se refere: a comunidade de aprendizagem, o método silencioso, a sugestologia ou a resposta física total?

   I) Uma caixa de hastes coloridas é tudo que o professor leva consigo. Ele a coloca sobre a mesa, abre-a, retira uma das hastes e mostra-a à sala enquanto diz, em L2, a palavra atribuída àquela haste acompanhada do artigo indefinido (se houver). Ele a coloca sobre a mesa em silêncio, pega outra haste de cor diferente da primeira e novamente lhe atribui uma outra palavra (com o artigo, se houver) e repete tais gestos sucessivamente até ter completado oito hastes, todas de cores diferentes e sem perguntar absolutamente nada. Depois, sem alarde, ele levanta uma das hastes e pergunta por meio de mímica quais sons ela representa (Gattegno, 1972, citado por Nunan, 1991, p. 237).

   II) Os alunos são colocados em círculo, e o professor está fora deste. Quando os estudantes querem dizer algo, eles chamam o professor e sussurram-lhe em L1 o que desejam comunicar. O docente sussurra-lhe a tradução em L2 e depois o aluno a verbaliza para o grupo. O processo continua por algum tempo, e somente as produções dos alunos são gravadas em fita. Ao final da sessão, o grupo geralmente produziu uma longa interação em L2, totalmente gravada. Esta é ouvida por todos, analisada e utilizada como base para um trabalho linguístico mais aprofundado (Nunan, 1991, p. 236).

III) Usando gestos, faça com que quatro alunos sigam até a frente da sala. Depois, gesticule para que dois alunos sentem ao seu lado (do professor) e de frente para a sala. Os outros alunos da sala estão geralmente sentados em um semicírculo, de forma a disponibilizar um grande espaço para locomoção. Depois, diga "levante-se!" em L2; levante-se e faça movimentos que conduzam os quatro alunos a levantarem-se, mas não os dois sentados ao seu lado. A seguir, diga "sentem-se!"(também em L2) e imediatamente sente-se com os quatro alunos. Se qualquer aluno tentar repetir seu comando verbal, sinalize para que faça silêncio (com a mão fechada e somente o dedo indicador colocado diante dos lábios). Depois, repita as mesmas instruções, desta vez tendo o grupo todo participando, até perceber que tais reações são feitas sem hesitação (Asmer, 1988, citado por Nunan, 1991, p. 245).

IV) No início da sessão, toda a conversa deve cessar por um minuto ou dois, enquanto o professor ouve atentamente a música que vem do aparelho de som (gravador, CD-*player* ou similar). Ele aguarda e ouve alguns trechos, de forma que os alunos deixem-se levar pelo som. Começa, então, a ler ou a recitar um texto novo, com a voz modulada em harmonia com as frases ou o ritmo calmo da música. Os alunos seguem a leitura em seus livros, em que cada lição é traduzida para L1 (Lozanov, 1978, citado por Nunan, 1991, p. 151).

( ) Sugestologia; método silencioso; comunidade de aprendizagem; resposta física total.
( ) Método silencioso; sugestologia; resposta física total; comunidade de aprendizagem.
( ) Método silencioso; comunidade de aprendizagem; resposta física total; sugestologia.
( ) Resposta física total; comunidade de aprendizagem; sugestologia; método silencioso.

2. Analise os indicadores e aponte o que eles refletem:

I) Reclamar
II) Localização
III) Gerúndio
IV) Oferecer auxílio
V) Preposições de lugar
VI) Verbos que pedem infinitivo
VII) Descrever pessoas
VIII) Expressar opinião
IX) Qualidade

a) Função, noção, estrutura, função, estrutura, estrutura, noção, função, noção.
b) Função, estrutura, noção, noção, função, noção, estrutura, estrutura, função.
c) Estrutura, função, noção, estrutura, noção, função, estrutura, função, noção.
d) Noção, noção, função, estrutura, função, estrutura, função, noção, estrutura.

3. Leia as frases a seguir e depois marque a alternativa correspondente:

I) O objetivo único do método de tradução gramatical é treinar e desenvolver habilidades intelectuais por meio da aplicação intuitiva de regras.

II) A ênfase do método direto era a acuidade de pronúncia e o uso da gramática.

III) O método audiolingual possui como base a visão da teoria estruturalista de linguagem e defende que as pessoas aprendem a partir da formação de hábitos.

IV) Chomsky concordou com os pressupostos da teoria behaviorista, salientando que a formação de hábitos poderia explicar como um falante produz ou compreende a língua.

V) Para Richards e Rodgers, qualquer método de ensino deve levar em consideração o potencial das estruturas, e seus significados devem ser ensinados de modo a permitir que os alunos sejam capazes de interagir e comunicar-se em uma língua estrangeira.

a) As sentenças I, III, e V são falsas.
b) As sentenças II e IV são falsas.
c) As sentenças I, II, III e V são verdadeiras.
d) As sentenças I e IV são falsas.

4. A teoria de Krashen difere de muitas outras por reconhecer semelhanças entre a aquisição de L1 e L2, mas também por:

a) defender que tanto crianças quanto adultos podem adquirir L2 em qualquer idade e ambiente em que se encontrem inseridos.
b) reconhecer que não há qualquer semelhança entre o aprendizado de L1 e L2.
c) delinear claramente as diferenças consideráveis existentes entre uma criança adquirir L1 e a forma como as pessoas aprendem L2.
d) acreditar que tanto a aquisição quanto o aprendizado de L2 sempre se dão de formas absolutamente diferentes entre crianças e adultos.

5. O papel do professor é basicamente o mesmo em qualquer que seja o método ou abordagem adotado.
   Essa frase está:
   a) parcialmente correta.
   b) parcialmente incorreta.
   c) totalmente correta.
   d) absolutamente incorreta.

Atividade de Aprendizagem

Identifique, nos filmes sugeridos, as diferentes abordagens e os métodos de ensino e/ou aprendizado de que o(s) personagem(ns) principal(is) faz(em) uso.

Atividades Aplicadas: Prática

1. Analise a sua abordagem de ensino e responda:
   a) Quantas são humanistas e quantas são estruturalistas?
   b) Quais agradam mais seus alunos? São as mesmas que têm maior resultado?

2. Analise as atividades que você incentiva seus alunos a realizarem e responda:
   a) Quantas são humanistas e quantas são estruturalistas?
   b) Quais agradam mais seus alunos? São as mesmas que têm maior resultado?

3. Analise o conjunto de métodos e abordagens adotado em sua aula: há oportunidades idênticas de prática de cada uma das principais habilidades – fala, escrita, compreensão oral e leitura? Em caso negativo, como você poderia torná-los mais balanceados?

Capítulo 4

As discussões relacionadas à comunicação e ao uso de tecnologias no ensino datam, aproximadamente, de 2500 a.C., quando os antigos gregos se esmeravam em transmitir verbalmente conhecimentos de retórica e oratória (Woody, 1970). O aprendizado, naquela época, dava-se por meio da memorização dos poemas e das histórias que eram apenas recitadas.

A comunicação e a tecnologia no ensino de línguas

4.1 Introdução

Conforme vimos no capítulo 1, "Comunicação", o volume de informação cresceu a tal ponto que o homem sentiu a necessidade de recorrer a um meio externo que o auxiliasse a guardar o que sua memória já não conseguia. Sócrates, entretanto, considerava que o verdadeiro aprendizado só se dá por meio da plena memorização e que recorrer a um recurso externo, como a escrita para posterior leitura, desvalorizava o conhecimento (Jaeger, 1986).

Apesar de concordar que ler o texto de um livro é muito diferente de memorizar em um aula discursiva, uma palestra ou, ainda, que estudar um livro de 200 páginas sobre natação e suas técnicas é muito diferente de entrar em um rio, mar ou piscina e ter de dar conta de manter, no mínimo, a cabeça fora da água, temos de reconhecer que nos dois casos ambas as atividades são duas formas diferentes (podendo, porém, ser complementares) de adquirir conhecimento. Isso equivale a dizer que construímos nosso conhecimento pela obtenção, verificação e reafirmação (ou não) de um dado evento por uma variedade de formas.

Considerando o histórico do ensino de línguas visto no capítulo 2, sabemos que cada método ou abordagem dispôs de tecnologias que satisfizessem às suas necessidades, sendo que elas consistiam primordialmente de auxílios meramente visuais, como um desenho ou gravura.

Retomando a teoria de Jakobson (2001), a comunicação é uma transação interpretativa entre indivíduos que se dá em um determinado contexto, no qual emissor e receptor codificam e decodificam uma mensagem, e seu retorno (*feedback*) é acompanhado de uma interpretação que tem por base habilidades, conhecimentos prévios e interesse de cada uma das partes envolvidas nesse processo. Um exemplo disso é quando perguntamos qual ave simboliza a sabedoria, e temos como a resposta mais comum entre os povos da Europa e das Américas que é a coruja. Contudo, em uma região da Nigéria, África, ela é um símbolo do mal. Isso reforça que, como professores, devemos estar atentos e abertos a respostas adversas ao que esperamos obter, pois elas não necessariamente representam falta de compreensão, mas podem ser uma expressão de um contexto cultural, experimental e de valores diferentes dos do professor.

Quando falamos em comunicação, também temos de considerar o *meio* – palavra derivada do latim que se refere a qualquer coisa que transmita informação de uma fonte a um receptor – pelo qual ela ocorre. Considerando que o meio tem o propósito de facilitar a comunicação, pode-se dizer que o primeiro meio utilizado para o processo ensino-aprendizagem foi a figura do professor, também representada pelo tutor, o ancião de um grupo, os membros encarregados de ensinar os mais jovens, os mais experientes. Posteriormente, com o desenvolvimento de tecnologias que permitem acúmulo, retenção, perpetuação e reprodução de informações, conforme vimos no segundo capítulo, outros meios passaram a ser aplicados no ensino e, especificamente no nosso caso, ao ensino e à aprendizagem de línguas. São eles: lousa, desenhos, diagramas, filipetas (tiras de papel), material impresso (folhas mimeografadas, folhetos, livretos, livros, revistas), imagens (fotos, gravuras, *slides*, retroprojeções), gravações em áudio, gravações em vídeo, filmes, televisão, laboratórios de línguas, programas em CD-ROM, computador, internet, CDs, DVDs, a comunicação digital (MSN, Skype, VoIP, iPod, MP3 e MP4) e ensino a distância (desde a época do material enviado por correio, cursos técnicos do Instituto Universal Brasileiro – desde 1941 –, até as transmissões via satélite).

Como vimos nos capítulos anteriores, a comunicação, a tecnologia e o ensino de línguas tiveram seu desenvolvimento através dos tempos. Vamos, agora, fazer mais uma viagem pelo tempo, a partir do início do século XX até os dias de hoje, para relacionar esses três tópicos – a comunicação, a tecnologia e o ensino.

4.2 Breve histórico da comunicação e da tecnologia aplicadas ao ensino de línguas

Vale lembrar que até 1905, nos Estados Unidos, os professores podiam contar com charretes que entregavam material de suporte educacional, tais como pôsteres, fotografias e *slides* à base de lanterna e mapas, nas escolas. O uso educacional de filmes começou por volta dessa mesma época, sendo que a maioria deles tinha um cunho teatral, industrial ou era do governo. Um dos primeiros projetores de filmes foi desenvolvido por Bell e Howell, em 1907. Assim como os outros meios, os filmes instrucionais (que só passaram a ser sonoros no final da década 1920) eram considerados recursos de ensino, mas não uma fonte de instrução autônoma (Reiser, 1987).

> Atualmente chamada Böwe Bell & Howell, essa empresa iniciou sua atividade com o nome de Bell & Howell, em 1907, sob o comando de Donald J. Bell e Albert Summers Howell, dois projetistas que produziram um equipamento de filmagem contínua (oposto à captação de imagens estáticas), o primeiro projetor de filmes de 35mm, entre outros. Essa empresa, situada em Wheeling, Illinois, EUA, é hoje líder de mercado no fornecimento de equipamentos de mídia para escolas e escritórios.

Nos Estados Unidos, a transmissão via rádio também se desenvolveu nessa época e favoreceu seu uso como mídia instrucional, entre 1925 e 1935. No final da década 1930, o uso do rádio como auxiliar educacional começou a declinar. No Brasil, entretanto, ainda hoje o rádio é o único meio de fazer a informação (educacional ou instrucional) chegar aos mais longínquos pontos.

Depois de uma aparente queda na utilização do rádio, hoje temos a sua volta na versão digital locada em *sites* da internet, por meio da qual podemos recorrer a estações de rádio comerciais e educacionais, nacionais ou internacionais.

Durante a Segunda Guerra Mundial, o uso de equipamentos educacionais diminuiu muito nas escolas, pois havia uma escassez de equipamento e até mesmo de matéria-prima. Em contrapartida, houve um investimento maciço em projetores de filmes, tanto que surgiu a primeira empresa a produzir retroprojetores, a Viewgraph, a qual teve sua tecnologia aprimorada pela Marinha dos Estados Unidos, para que tivesse a projeção mais nítida e permitisse anotações durante uma explanação ou análise de um mapa. Ainda hoje, em todas as partes do mundo, o retroprojetor é um recurso visual amplamente utilizado.

No período pós-guerra, houve uma grande expansão da instrução audiovisual, uma vez que ela se mostrou bastante eficaz e, paralelamente, foram desenvolvidos programas audiovisuais de pesquisa que esperavam identificar os princípios de aprendizagem que poderiam ser utilizados na elaboração de materiais para esses programas. Entretanto, conforme relata Reiser (1987), "as práticas educacionais não foram intensamente afetadas por estes programas de pesquisas porque muitos tutores e professores as desconheciam ou as ignoravam".

No início da década 1950, claramente uma época de audiovisuais, muitos profissionais do ensino passaram a demonstrar um interesse maior pelas diversas teorias ou modelos de comunicação que enfocavam o processo comunicativo (Holmes, 2005). Com esse movimento, foi reforçada a ideia de que o planejamento educacional precisava atender a todos os elementos do processo comunicativo, e não apenas à mídia, que teve seu papel claramente definido como um meio auxiliar, não um fim em si.

Igualmente, segundo Reiser (1987), a televisão instrucional experimentou um grande crescimento na década 1950. Em 1952, a Comissão Federal de Comunicações dos Estados Unidos estabeleceu 242 canais de televisão exclusivamente para propósitos educacionais, e pôde contar com fundos expressivos cedidos pela Fundação Ford. Os programas eram oferecidos em canais abertos e fechados, sempre com grande amplitude de interesses educacional e cultural.

No Brasil, surgiram programas educativos, como o *Sítio do Pica-Pau Amarelo* (adaptado da obra de Monteiro Lobato, exibido pela primeira vez na televisão em 3 de junho de 1952, pela extinta TV Tupi; em

1964, ele passou a ser exibido pela TV Cultura, e em 1967, pela TV Bandeirantes, sofrendo nova adaptação em março de 1977, quando passou a ser transmitido e divulgado internacionalmente pela Rede Globo), *Topo Gigio* (boneco criado em 1958 pela italiana Maria Perego e exibido pela primeira vez na televisão brasileira em 1969 pela Rede Globo e, depois em 1973, pela TV Bandeirantes), *Vila Sésamo* (baseado no programa americano *Sesame Street*, criado pela Children's Television Workshop, exibido pela primeira vez pela parceria formada entre a Rede Globo e a TV Cultura em 1974) e, mais recentemente, o *Telecurso 2000* (sistema de educação via televisão criado em 1977 com o nome de *Telecurso 1º Grau* e *Telecurso 2º Grau*, pelo jornalista Roberto Marinho), entre outros (InfanTV, 2007; Fundação Roberto Marinho, 2008).

Atualmente, muitos dos programas educacionais televisionados podem ser adquiridos em fitas de VHS e em DVD – à exceção dos programas exclusivos de algumas emissoras.

Segundo Marrou (1982), muito provavelmente Sócrates, Comenius, Pestalozzi e Herbart encontrariam algumas de suas próprias ideias claramente refletidas nas práticas de ensino atualmente utilizadas. Apesar disso, a teoria que mais fortemente influenciou o desenvolvimento das tecnologias atuais tem uma origem mais recente. De fato, muitos consideraram que o artigo publicado em 1954 no *Harvard Educational Review* (Skinner, 1954) foi o estopim para um novo movimento na educação. Nesse artigo, o autor, o psicólogo Burrhus Frederic Skinner, desafiou os educadores a modificarem suas práticas tradicionais e a inserirem novos princípios de aprendizagem que surgiam de estudos feitos na área da psicologia experimental.

Sócrates (Atenas, 470 a.C. – 399 a.C.), tornou-se um dos mais importantes pensadores da Grécia Antiga e é considerado o fundador da filosofia ocidental.

Jan Amos Komenský (em português Comenius ou Comênio) (República Tcheca, 28/03/1592 – 15/11/1670) foi professor, cientista e escritor (escreveu *Didática magna*), considerado o fundador da didática moderna.

Johann Heinrich Pestalozzi (Zurique, 12/01/1746 — Brugg, 17/02/1827) foi um pedagogo suíço e educador pioneiro da reforma educacional.

Johann F. Herbart (Oldenburgo, Alemanha, 04/05/1776 – 11/08/1841) foi filósofo, precursor da psicologia experimental aplicada à educação e fundador da pedagogia como uma ciência da educação.

Burrhus Frederic "B. F." Skinner (20/03/1904 – 18/08/1990) conduziu um trabalho pioneiro na psicologia experimental e é conhecido como o inventor da "câmara de condicionamento operante" (também chamada de "a caixa de Skinner"), uma ferramenta de pesquisa utilizada para analisar o comportamento de ratos e pombos.

A base da teoria de Skinner (1978), à qual ele se referia como "condicionamento operante" (mais conhecido como *teoria do reforço*), difere das teorias behavioristas anteriores por aplicar comportamentos voluntários. Skinner pregava que os paradigmas de estímulo-resposta eram adequados para explicar respostas reflexivas, tais como a salivação (quando pensamos em um limão bem azedo), a dilatação das pupilas (na ausência de luz e certas condições emocionais), o reflexo involuntário do joelho ao receber as batidas que os médicos lhe dão ao estar dobrado, e assim por diante. Contudo, ele estava mais interessado em explicar as respostas que as pessoas emitem voluntariamente, tais como dirigir um carro, escrever uma carta e fazer as contas do orçamento doméstico.

Conforme mencionado anteriormente, a espinha dorsal da teoria de Skinner (1978) era o conceito de *reforço*, no qual as consequências de uma resposta determinam se uma lição será aprendida ou não. Ou seja, um comportamento seguido de uma consequência satisfatória (reforço) tem maior probabilidade de ser repetido no futuro, e esse reforço é qualquer coisa que potencialize uma ação adequada (correta) a ser repetida e, consequentemente, aprendida.

Transferindo tal teoria para o ambiente de aprendizagem de uma língua, temos o surgimento do "estímulo" que, nesse caso, pode ser uma pergunta que requer uma resposta correta, uma gravura que servirá para elucidar comentários, perguntas ou ensinar vocabulário e assim por diante. O material instrucional pode (e deve) ser elaborado de tal forma que o estímulo que ele ofereça conduza o aluno à resposta adequada e, consequentemente, a um reforço (podendo este ser a apresentação da resposta correta pelo professor ou pelo material, um sinal de positivo indicado por um movimento da cabeça, um sorriso ou pela mão fechada com o polegar erguido, um elogio, uma estrela, um carimbo ou qualquer outra forma de reconhecimento que seja aplicável à situação momentânea do ensino).

Retornando à argumentação de Skinner (1978), ele apontou que os elementos de estímulo, resposta e reforço não são contemplados nos tradicionais métodos de ensino, primeiramente porque muitas vezes os grupos eram numerosos, o que dificilmente permitia um cuidado atento à produção individual (as aulas consistiam essencialmente na exposição dos alunos a atividades auditivas de produção oral) e menos tempo havia ainda para aplicar o princípio de reforço.

Insatisfeito com o quadro que tinha diante de si, Skinner (1978) desenvolveu uma forma inovadora de apresentar o material instrucional: ele o imprimiu em pequenas tiras que continham uma informação (estímulo), uma sentença incompleta a ser respondida pelo aluno (resposta) e a posterior apresentação da resposta correta (reforço). Visando facilitar a apresentação desse material, Skinner (1978) desenvolveu um equipamento que seria chamado de *a máquina de ensinar*, que consistia em uma pequena caixa que apresentava uma abertura em sua parte superior, na qual aparecia a informação impressa em um papel que poderia ser enrolado dentro da caixa ao girar um botão que se encontrava ao lado. Se, ao girar o botão, o aluno identificasse que forneceu a resposta errada, deveria voltar e corrigir-se. Em uma versão mais elaborada desse equipamento, o aluno respondia à questão apresentada selecionando uma das múltiplas respostas oferecidas. Se a opção correta tivesse sido selecionada, o rolo de papel giraria adiante quando o referido botão fosse pressionado. Caso contrário, permaneceria mostrando a questão-estímulo.

Pesquisas e experiências diárias, entretanto, logo mostraram que os alunos eram capazes de monitorar seu próprio progresso sem que necessariamente houvesse um equipamento desajeitado e caro à sua frente. Isso rapidamente levou à substituição de tal equipamento pela impressão do material em forma de livros. As tiras de informação (estímulo, resposta e reforço) eram originalmente impressas de forma linear, ou seja, horizontalmente, e deveriam ser lidas uma a uma, e sua resposta só poderia ser visualizada se o aluno virasse a página. Mais tarde, esse formato recebeu uma versão mais simples, que requeria o uso de uma folha de papel comum que cobrisse as outras tiras, pois a visualização da resposta correta estava no primeiro quadrante da linha seguinte, por exemplo:

Quadro 4.1 – Exemplificação de formato e conteúdo da máquina de ensinar

	Psicólogos diferem em suas explicações quanto ao que é o aprendizado e como exatamente ele ocorre. Uma série de afirmações ou parâmetros aqui apresentados lidam como uma explicação específica sobre o processo de _____.
aprendizagem	Não podemos observar o aprendizado diretamente, mas podemos supor que ele tenha ocorrido quando uma pessoa passa a fornecer consistentemente uma resposta, o que não acontecia anteriormente. Por exemplo, se um aluno responde "nove" à pergunta "quanto é três vezes três?", ele está apresentando uma _____, ao que provavelmente foi aprendido por meio da prática na escola.
resposta	Se você responder "cachorro" à pergunta "qual é o mamífero quadrúpede que usa o latido para dar alerta?", você está dando uma _____ ao que você aprendeu em alguma experiência anterior.
resposta	......

A opção por apresentar a teoria do reforço em mais detalhes neste capítulo deve-se exclusivamente à sua primazia histórica pelo conceito de estímulo que atribui à tecnologia instrucional – mídia instrucional ou tecnologia educacional, como também é chamada. Ela não é, de forma alguma, a base de toda a tecnologia educacional.

Está claro que a **instrução programada** de Skinner (1978) havia sido desenvolvida conscientemente como um padrão específico de atividades delineadas a colocar em prática os princípios científicos da aprendizagem. Contudo, tais técnicas eram transpostas de um laboratório para a sala de aula de forma direta e sem adaptação, o que, muitas vezes, trouxe resultados frustrantes e a consequente desistência do curso.

No início da década 1960, um outro movimento se desenvolveu em torno da instrução programada, e seus elementos foram resumidos por

Schramm (1962) da seguinte forma:

a. *uma sequência ordenada de estímulos;*
b. *para qual cada um dos alunos apresenta uma resposta específica;*
c. *sua resposta recebe um reforço por meio da imediata apresentação de resultados;*
d. *de forma que ele (o aluno) avance a pequenos passos;*
e. *e, assim, cometa poucos erros e pratique, principalmente, respostas corretas;*
f. *do que ele conhece, por meio de um processo de aproximação sucessiva em direção ao que se espera que ele aprenda do programa.*

Apesar de muitos dos materiais que incorporavam tais elementos terem tido sucesso com alunos, houve um bom número de casos experimentais que revelaram que "grandes passos" funcionavam melhor do que "pequenos passos", e que a produção de conhecimento "tardio" às vezes produzia resultados tão bons quanto a produção "imediata". Notou-se, ainda, que uma apresentação de estímulos "desordenada", por vezes, produzia um aprendizado melhor do que a "ordenada". Outro fato apontado é que alguns alunos se entediavam facilmente com o padrão de repetição lenta e fácil, além de sempre existir aqueles que "davam uma espiadinha" na resposta que vinha a seguir (ou na outra página) só para poderem segui em frente.

Ainda assim, materiais de instrução programada podem ser facilmente utilizados para efeito de reforço do conteúdo trabalhado em sala, por alunos que perderam alguma aula e, portanto, precisam recuperar o conteúdo, ou para aqueles que possuem um ritmo de aprendizado mais lento do que o grupo em que estão inseridos. É fato que tais materiais apresentam um custo de produção mais alto, já que são feitos especificamente para atender a uma ou a outra necessidade de cada aluno e, portanto, precisam ser cuidadosamente elaborados.

Na sequência, surgiu a **tutoria programada** (também chamada de *tutoria estruturada*) desenvolvida pelo psicólogo Douglas Ellson (1986). Trata-se de um método de ensino individualizado em que as decisões a serem tomadas pelo **tutor** eram previamente "programadas" por meio de um conjunto de instruções cuidadosamente elaboradas e impressas no livro a ser utilizado. Em um programa típico, o tutor e o aluno sentariam juntos e estudariam uma lição, sendo que o "livro do professor" continha todas as respostas aos exercícios que havia no "livro do aluno". Observe, a seguir, a tradução adaptada de uma página do livro do professor (Harrison, 1972):

Quadro 4.2 – Exemplo de página do livro do professor

Passo 1:	Diga ao aluno que este exercício o ajudará a aprender a produzir o som de novas palavras.
Passo 2:	Aponte a primeira palavra e peça que o aluno a pronuncie. Se o aluno ler a palavra corretamente, elogie-o; depois, vá para a próxima palavra. Se o aluno não conseguir ler a palavra ou a ler de forma incorreta, faça-o produzir os sons contidos na palavra separadamente e depois auxilie-o a juntá-los. Por exemplo: Palavra: "THIN" (magro) Tutor: "Cubra com o seu dedo as últimas duas letras da palavra e pergunte: 'que som produz?'. Se o aluno responder corretamente, elogie-o e vá para o próximo som. Se ele responder incorretamente ou não souber responder, diga-lhe o som e faça-o repetir. Siga os mesmos passos para cada som da palavra e depois mostre-lhe como juntar todos eles".
Passo 3:	Execute o passo 2 para cada palavra que há na folha.
Passo 4:	Ao final da aula, elogie o aluno.
Passo 5:	Preencha o diário de classe.

Fonte: REISER, 1987.

Assim como a instrução programada, a tutoria programada também apresenta características de ritmo individualizado, participação ativa do aluno e *feedback* imediato. O uso de um tutor como mediador possibilita maior flexibilidade ao sistema e adiciona outra vantagem sobre o material impresso: o "reforço social" por meio de elogios – e não por meio de uma reposta correta impressa na página seguinte do livro.

A tutoria programada também permite que qualquer pessoa desempenhe o papel de tutor, uma vez que o "livro do professor" traz toda e qualquer etapa do processo de ensino, o que é muito interessante para as pessoas que pretendem ensinar, mas possuem pouca ou nenhuma experiência.

O passo seguinte deu-se com o chamado *sistema de instrução personalizada* – SIP (originalmente *personalized system of instruction* – PSI) que poderia ser descrito como uma tecnologia de "gerenciamento" de ensino. Esse sistema procurou contemplar os princípios de aprendizagem e reforço por meio de: a) apresentação de informação adequada à habilidade atual do aluno; b) frequentes oportunidades para que este responda ao material apresentado; c) retorno (*feedback*) ou correção imediatos. Aliado a esses pontos, esse sistema pressupõe que o aluno não poderá ser exposto a um novo material sem que domine plenamente as habilidades até então em desenvolvimento (Ellson, 1986).

Diferentemente dos dois programas anteriores, o sistema de instrução personalizada não requer materiais especialmente estruturados; de fato, ele lida com padrões de instruções. Esse sistema insere, conscientemente, um número de "reforços generalizados" que tendem a ter resultados positivos sobre o ser humano, independentemente de preferências ou necessidades. Tais "reforços" incluem notas, certificados, atenção pessoal, afeto e qualquer outro símbolo que reconheça a obtenção de resultados positivos. O objetivo desse sistema é maximizar a premiação consciente, minimizar a frustração e eliminar o medo relacionado ao não saber para onde o aprendizado está caminhando, como o aluno estava se saindo e como seria o exame final.

Desde o seu surgimento, no curso de Psicologia de Fred Simmons Keller (1973), na Universidade de Brasília (UnB), em meados da década 1960, o SIP teve grande sucesso em todos os níveis e nas mais variadas áreas de ensino, inclusive foi intensamente utilizado nos treinamentos militares e na educação corporativa e industrial.

Em uma aula nos moldes do SIP, os alunos trabalhavam individualmente, em seu próprio ritmo, usando uma gama de materiais educacionais, tais como: um capítulo de um livro, uma instrução computadorizada, um videocassete, um trecho de um filme falado, um livreto programado e assim por diante. Os materiais eram colocados em uma determinada sequência, e o aluno deveria demonstrar domínio sobre cada unidade, antes de ter permissão para iniciar a seguinte. Esse domínio era avaliado por meio de um teste ao qual o aluno se submetia quando se sentisse apto para isso. O teste não deveria ser uma surpresa, já que cada unidade era acompanhada por um guia de estudos que delineava os objetivos e os pontos mais importantes a serem aprendidos.

Tanto o auxílio nos estudos quanto o exame eram conduzidos por "assistentes" – alunos de níveis mais avançados – que, voluntariamente, ajudavam os outros alunos. Esse trabalho reforçava o aspecto individualizado desse sistema, tornando-o "personalizado". Depois de avaliar uma prova, o assistente revisava-a imediatamente com o aluno e, ao encontrar pontos considerados fracos, questionava-o para verificação de seus conhecimentos. Se, ainda assim, o aluno não conseguisse atingir o mínimo necessário, deveria voltar em uma outra data para fazer uma prova alternativa.

O processo de ensino-aprendizagem sempre pôde contar com a mais comum das tecnologias – a lousa[*], um meio perfeito para uma

---

[*] Nota da autora: a opção pela palavra *lousa* se dá por considerar que nem todas as escolas possuem um *quadro-negro*: em alguns casos ele é verde, em outros, a própria parede da sala recebe uma demão de tinta preta ou verde para servir de lousa. Há ainda os casos em que outros materiais exerciam ou exercem tal função, como tábulas (nos anos de 1930 e 1940), tábuas, papelão ou similar.

transmissão de informação que tinha como centro o professor. Outro equipamento bastante utilizado, em algumas regiões até meados da década 1970 (e em algumas regiões, até hoje), era o mimeógrafo* – com o seu inconfundível cheiro de álcool e as marcas azuis deixadas nas mãos dos professores ou dos alunos-assistentes. Ao aluno cabia olhar, ouvir, copiar e fazer as tarefas corretamente.

Mais tarde, a lousa passaria a ter mais uma função – servir como tela para projeção de *slides*.

Em meados de 1961, Postlethwaite (1984), um professor de Botânica da Purdue University que não acreditava na ridicularização ou na punição de alunos como incentivo de aprendizado, começou a preparar um material suplementar, gravando suas palestras em fitas de áudio, o que forneceria base e auxiliaria os alunos que não possuíam um conhecimento anterior suficientemente estruturado a acompanharem suas aulas de Introdução à Botânica. Qualquer aluno poderia ouvir as gravações no Centro Audiovisual Universitário. Em pouco tempo, conforme relatado no artigo "Using science and technology to teach science and technology" (1984), Postlethwaite decidiu que poderia melhorar a eficácia de suas fitas pedindo que os alunos também levassem seus livros-texto ao centro audiovisual, o que permitia que ele pudesse gravar orientações que os levassem a verificar dados e fotografias enquanto discutia conceitos e princípios da área botânica em estudo.

Na fase seguinte, as fitas de áudio passaram a incluir instruções que solicitavam que os alunos comparassem as opiniões das palestras nelas gravadas com os textos impressos no livro, mesmo que alguns desses pontos já tivessem sido comentados. Suas gravações possuíam um tom dialógico e retratavam um ambiente tranquilo, em que ele "conversava" sobre os

---

* Um protótipo da máquina de impressão simples foi patenteado, em 8 de agosto de 1887, por Thomas Alva Edison, nos EUA, quando o nome *mimeógrafo* foi utilizado pela primeira vez.

temas de sua aula por meio de colocações, questionamentos e pareceres.

Inovador e incansável, ele decidiu atribuir uma nova dimensão à mídia instrucional que desenvolvera – passou a colocar plantas no centro audiovisual, de forma que os alunos pudessem observá-las e manipulá-las enquanto eram discutidas nas fitas e no livro. Na etapa final, seus alunos foram solicitados a levar seus manuais de laboratório para complementar todo o quadro que ele julgava necessário para um aprendizado sólido e consistente.

Consciente ou inconscientemente, Postlethwaite (1978) migrou da tecnologia instrucional, que enfocava o aprendizado abstrato (aulas discursivas), para um sistema integrado de multimídia, que enfatizava a experiência concreta (teoria reforçada por meio de *slides*, filmes, fotografias e material real – plantas).

Durante o primeiro semestre de 1962, decidiu-se montar um grupo experimental de 36 alunos que passariam por todo o processo de aprendizagem daquela disciplina por meio do laboratório integrado. Paralelamente, esse grupo mantinha encontros semanais com Postlethwaite (1978), em que respondiam a questionários e discutiam o conteúdo da disciplina. Ao final do semestre, esses alunos foram submetidos aos mesmos exames finais que os alunos dos grupos que receberam a instrução tradicional. O resultado é que o grupo experimental obteve resultados tão bons quanto os alunos do grupo presencial. Com isso, Postlethwaite atingiu seu objetivo de "criar aulas que garantam instruir os alunos no Havaí exatamente com o mesmo conteúdo e mesma forma que os alunos presentes em sua sala de aula" (Tripp; Roby, 1996).

Como pudemos observar, o que começou como um material suplementar das aulas e palestras de Postlethwaite – sem desconsiderar o sistema delineado conscientemente por Skinner e, anteriormente, inconscientemente por Sócrates, de instrução, verificação e reforço – passou a adquirir tal dimensão que passou a ser conhecido como o sistema de tutoria em áudio (originalmente, *the audiotutorial system*).

Apesar de seu início de forma pragmática (sem o apoio em uma teoria de aprendizagem específica), esse sistema responde a vários princípios da aprendizagem humana, tais como (Postlethwaite, 1978):

~ *as fitas gravadas em tom dialógico incorporam os princípios da teoria da comunicação (fonte de credibilidade, personalização na forma de se dirigir ao aluno, por exemplo, e sistema de pergunta-resposta);*

~ *atribui ênfase à mídia concreta, como projeções de diapositivos (slides), filmes e material real (plantas e outros), a qual representa o que a psicologia cognitiva chama de "mensagens realistas e significativas";*

~ *ritmo personalizado e diversidade de mídia que atende às diferenças individuais de estilo e velocidade de aprendizagem;*

~ *a evidente preocupação com o sucesso individual retrata a ênfase ao "indivíduo por inteiro", típica da psicologia humanista.*

Também podemos notar que, apesar de essa tecnologia ter se iniciado na área das ciências, ela é amplamente aplicada nos mais diversos ramos de estudo, inclusive nos processos de ensino-aprendizagem, nos quais até mesmo passou a denominar um método, o audiovisual, bastante difundido nas décadas de 1970 e de 1980.

Percebe-se que a psicologia cognitiva tornou-se teoria de aprendizagem mais dominante, por enfatizar as operações mentais que o ser humano desenvolve no processo intelectual. Paralelamente, um maior entendimento da fisiologia do cérebro e o estudo de "inteligência artificial", como a de simuladores computadorizados, auxiliaram educadores a perceber novos atributos da mídia nos processos de ensino e aprendizagem.

Segundo o psicólogo suíço Jean Piaget (2000), o que poderia ser visto como um excesso de informação, na verdade, possibilita que cada aluno assimile os aspectos de uma experiência de aprendizagem conforme as estruturas mentais que já possui. No decorrer do aprendizado, especialmente quando novas influências desafiam as noções mais simples que esse aluno possui, estruturas mentais mais complexas passam a ser formadas. À medida que os alunos desenvolvem padrões de pensamento mais complexos, eles se tornam mais adaptáveis à exposição de novas situações e passam a apresentar uma variedade maior (e mais complexa) de respostas (Shuell, 1986). Por exemplo: simulações e jogos expandem o repertório dos alunos para além de um "comportamento esperado" (teoria comportamentalista), pois fornecem experiências de maior variedade informativa e emocional (envolvimento do aluno).

Ainda sob a influência da psicologia cognitiva, novas tecnologias instrucionais foram desenvolvidas, enfatizando flexibilidade, menor rigidez quanto à forma (mais do que uma resposta era possível a um estímulo), processos que envolviam a solução de problemas, diversidade de estímulos e controle de aprendizado voltado às necessidades e ao ritmo do próprio aluno.

Conforme vimos no capítulo 2 – "Tecnologia", em 1945, logo após o término da Segunda Guerra Mundial, começaram a ser divulgados detalhes dos grandes avanços científicos e tecnológicos obtidos durante o conflito, como a televisão e a possibilidade de gravar e reproduzir, eletronicamente, sinais sonoros ou visuais. Em 1957, a indústria já produzia televisores, gravadores de som em fita magnética e computadores de grande porte.

No Brasil, no início do ano de 1965, um grupo de educadores contou com o apoio do professor Alberto Macedo Jr., então diretor da sociedade mantenedora do Liceu Eduardo Prado, em São Paulo (SP), para fazer um estágio no Philips International Institute, em Eindhoven, na Holanda, onde, entre outros projetos, foram apresentados a um novo e revolucionário método de ensino: um laboratório de idiomas do sistema áudio-ativo-comparativo. Identificado o grande potencial de tal recurso como auxiliar de ensino, esse laboratório foi instalado na sede do Liceu, em 1967. No entanto, constatou-se que seria muito difícil maximizar sua aplicação com eficiência e qualidade de resultados, se os padrões de ensino tradicionais da época fossem mantidos com suas restrições de grade horária, número elevado de alunos e impossibilidade de repasse de acréscimos de custeio. Decidiu-se, então, montar um laboratório como uma organização independente, no qual pudessem ser trabalhadas pequenas turmas, de no máximo 12 alunos e, visando obter um melhor aproveitamento, onde as aulas seriam diárias[*].

O mecanismo desse tipo de laboratório permitia que o aluno ouvisse as orientações, que eram seguidas de um ou de dois exemplos, ouvisse os estímulos para a sua produção oral, gravasse a sua fala, ouvisse novamente o modelo para comparar a sua produção e fixasse a sonoridade correta. Caso o aluno ou o professor, em uma aula de laboratório, estivesse satisfeito com o nível da sua produção por estar próxima ou idêntica à original (pronúncia, ritmo e entonação), ele passaria para a fase seguinte. Caso contrário, regravaria sua fala e novamente a compararia à original. Apesar de não muito difundido no país, várias universidades ainda faziam uso de tal laboratório como parte integrante das aulas de Produção Oral (ou similar) ministradas, por exemplo, na PUCSP até os dias de hoje.

Apontado como um "elefante branco" por alguns, devido às suas dimensões (a fita de gravação, por exemplo, era de rolo, e os gravadores pesavam de 6 a 12 quilos), o sucesso e a permanência do laboratório de línguas no ensino de idiomas deve-se aos muitos alunos e professores que aprenderam a maximizar seu uso, uma vez que ele possibilita uma prática em língua estrangeira que não seria possível em um ambiente em que não é comum ouvir e poder falar a L2. Juntamente com o

---

[*] Segundo informações contidas no *Manual de Orientações Importantes aos Alunos*, material institucional da escola de idiomas CEL®LEP, unidade Curitiba, 1999.

trabalho feito no laboratório de línguas, muitas universidades e institutos de idiomas passaram a oferecer e a integrar em seus programas atividades baseadas em filmes clássicos e contemporâneos, sendo que o uso de idioma, vocabulário, estrutura, pronúncia e ritmo reforça e expande a prática executada em laboratório. Começamos, então, a ter a presença de um (ou mais) aparelho(s) de televisão e vídeo (ou DVD) em muitas escolas, e os professores passaram a elaborar videoaulas (com atividades preparadas de acordo com os objetivos linguísticos do professor e do curso) ou, ocasionalmente, uma sessão de vídeo (sem atividade definida).

Em 1960, administradores da Universidade de Illinois, EUA, elegeram um comitê que deveria sugerir maneiras pelas quais o computador pudesse ser utilizado em pesquisa educacional, já que a força militar não precisava mais solucionar problemas de radar (Schramm, 1962).

Sem muita surpresa, educadores e engenheiros possuíam visões opostas: os educadores acreditavam que os engenheiros não sabiam nada sobre o processo de ensino e, em contrapartida, estes tinham certeza de que aqueles não possuíam qualquer noção sobre engenharia. Diante disso, esse comitê chegou à única conclusão que lhes parecia óbvia em um primeiro instante: não conseguiam chegar a um acordo quanto a um projeto que valesse o investimento dos fundos disponibilizados.

Entretanto, um pesquisador do laboratório que não fazia parte do comitê disse: "Isso é loucura! Deem-me duas semanas e eu lhes apresentarei uma proposta". Dentro de poucos dias, esse pesquisador apresentou uma proposta para desenvolver um curso de engenharia, disciplina que ele conhecia, com uma perspectiva educacional. O curso aconteceria com o uso prático dos computadores no próprio laboratório, o que contemplava os aspectos técnicos.

A proposta foi imediatamente aceita, e o pesquisador contratou um técnico, para construir o equipamento, e um matemático, para auxiliar no desenvolvimento do programa. Dentro de um mês, eles haviam desenvolvido um terminal de vídeo interativo conectado a um computador, conjunto que viabilizaria o ensino. Os programas desenvolvidos atendiam à matemática no ensino médio e à ciência da computação no nível superior. Com a ajuda de um amigo, eles logo adicionaram um programa que ensinasse francês.

O equipamento havia sido construído às pressas e com baixíssimo custo, mas funcionava. O teclado possuía somente seis teclas; o "vídeo" era uma televisão que já não captava ondas de transmissão e teve um custo de dez dólares. O sistema era o primeiro a mostrar *slides* e gráficos de computador. O processo de seleção de *slides* era bastante primitivo – um técnico, em outra sala, selecionava-os e os mostrava diante de uma câmera.

O pesquisador responsável por esse feito era Donald Blitzer, e o sistema chamava-se Plato – *programmed logic for automatic-teaching operations* (lógica programada para operações de ensino automáticas), também conhecido por Plato *Computer System*.

> Donald L. Blitzer, doutor em Engenharia Elétrica, "pai" da tela de plasma, ganhador do prêmio Emmy da National Academy of Television Arts and Science pelos avanços tecnológicos da televisão, detentor das patentes da tela de plasma, do *modem* de alta qualidade e técnicas de comunicação de satélite, é atualmente professor e pesquisador do Departamento de Ciência da Computação da Universidade do Estado da Carolina do Norte, EUA.

Apesar de rudimentar, a versão original continha todos os elementos que tornaram Plato um equipamento único: instrução computadorizada, sistema de autorização desenhado para tornar as instruções computadorizadas simples e sistema de gerenciamento de aprendizagem que testava o aluno continuamente quanto à sua compreensão do material e ainda indicava materiais suplementares, caso o aluno necessitasse.

> Plato foi o sistema de computação pioneiro em conceitos como fóruns *on-line*, emissão de mensagens, testes *on-line*, *e-mail*, salas de bate-papo, símbolos (como ©, £, ≠, ♥, √), comunicação instantânea (*messenger*), compartilhamento remoto de tela e jogos compartilhados *on-line*, tendo encerrado suas operações em 2006.

Segundo informações contidas no *Computer Managed Instruction Development – Performance & Instruction*, de Charline Seyfer e James Russel (2001, p. 5-8), no ano de 1988, mais de dez mil horas de programas de curso Plato estavam sendo utilizadas, do jardim de infância à educação superior, em qualquer disciplina, inclusive em treinamentos administrativos e industriais. O material dos cursos era disponibilizado nos terminais de cada participante em qualquer parte do mundo, por meio da conexão de cabos telefônicos a um computador central na Universidade de Illinois. Sem dúvida, era um longo e belo caminho percorrido desde o encontro da indecisão de um comitê e um aparelho de televisão de dez dólares.

No final da década 1970 e início de 1980, a educação baseada em programas de computador fundamentava-se nos princípios de aprendizagem utilizados pela instrução programada e, em 1988, havia um computador para cada 36 alunos nas escolas públicas dos Estados Unidos (Saettler, 1968). No Brasil, a inserção do uso de computadores no processo ensino-aprendizagem foi discutida pela primeira vez em 1971, na USP – São Carlos e seria aplicada à turma de Física. Segundo Andrade (1996):

> em 1973, algumas experiências começaram a ser desenvolvidas em outras universidades, usando computadores de grande porte como recurso auxiliar do professor para ensino e avaliação em *Química (Universidade*

Federal do Rio de Janeiro – UFRJ) e desenvolvimento de software educativo na Universidade Federal do Rio Grande do Sul – UFRGS.

Nessa mesma universidade, crianças com dificuldades de aprendizagem de leitura, escrita e cálculo passaram a receber apoio de profissionais por meio de atividades baseadas nas teorias de Piaget (2000) e Papert (1993), desenvolvidas no Laboratório de Estudos Cognitivos do Instituto de Psicologia (LEC).

> Dr. Seymour Papert (Pretória, África do Sul, 01/03/1928) é um matemático e proeminente educador do MIT (Instituto de Tecnologia da Massachussets, EUA), um dos pioneiros da inteligência artificial, assim como inventor da linguagem de programação Logo (em 1968), e cunhou o termo *construtivismo*.

Além das novas técnicas, também surgiram novos termos – essencialmente em inglês, por ser esse o idioma de origem de muitos equipamentos e processos – e, sem dúvida, novos desafios. Segundo Marco Silva (2001), sociólogo, doutor em Educação e professor da Universidade Estadual do Rio de Janeiro (UERJ) e da Universidade Estácio de Sá (Unesa), independente do nome que se dê à era em que estamos inseridos – era digital, cibercultura, sociedade de informação ou sociedade em rede –, o fato é que em nosso tempo a interatividade é um desafio não só para os gestores da velha mídia, mas para todos os agentes do processo de comunicação.

Fica claro, então, que qualquer movimento que façamos no sentido de aplicar novas tecnologias em nossas aulas merece total atenção e preparo para que seu uso seja adequado ao estilo e ao ritmo de aprendizagem de nossos alunos, não só o inverso. Apresentar novas formas de ensinar, certamente, pressupõe orientar nossos alunos sobre as novas formas de aprender. Colocando em termos construtivistas, temos de focar em "como a mídia instrucional, independente de sua definição, pode ser utilizada para facilitar a construção do conhecimento e significados por parte do aluno" (Jonassen; Campbell; Davidson, 1994).

O desenvolvimento dos programas de ensino computadorizado fez chegar ao mercado, em meados da década 1980, o computador com múltiplas janelas (*windows*) em rede, o que permitia ao usuário não só a transmissão ou a recepção de informações, mas também o acesso a um labirinto em que ele poderia até mesmo manipular conteúdos. Isso, sem dúvida, concretizou em definitivo as críticas de Crowder (1963) à teoria da aprendizagem linear defendida pela instrução programada (anteriormente vista neste capítulo) de Skinner. Sua metodologia consistia em apresentar um grande volume de informações ao aluno, seguido de perguntas de múltipla escolha que requeriam a aplicação do conhecimento a que ele havia sido exposto. Cada alternativa direcionava o aluno a uma página diferente. Se a opção escolhida fosse a correta, ele "pularia" algumas páginas e seguiria adiante. Respostas incorretas levariam o aluno a uma página que continha explicações quanto à resposta correta e, a título de verificação, o conduziria a uma nova pergunta de teor semelhante.

Veja, a seguir, um quadro demonstrativo das atividades desenvolvidas ao computador, qual era a sua função, o papel do aluno e do professor.

Quadro 4.3 – Quadro demonstrativo das atividades desenvolvidas ao computador tanto por crianças e jovens quanto por adultos em treinamento

Atividade	Sistemas trabalhados	Papel do professor	Papel do computador	Papel do aluno	Exemplos de contextos
Descoberta	Acesso ao banco de dados; abordagem indutiva; tentativa e erro; testa hipóteses.	Apresenta o problema inicial; monitora o progresso do aluno.	Apresenta fontes de informação; armazena os dados; permite mecanismos de pesquisa.	Formula hipóteses; testa hipóteses; formula princípios ou regras.	Ciências; estruturas organizacionais (escolas, equipes de jogo etc.); combinações de cores e formas.
Simulação	Imita situações da vida real; permite trabalho individual ou em grupos.	Apresenta o assunto; apresenta dados para a tomada de decisões; orienta questionamentos.	Atua em diferentes papéis; fornece resultados e consequências das decisões tomadas pelo aluno; mantém o modelo e seus dados.	Pratica a tomada de decisões; faz escolhas; recebe os resultados e consequências de suas escolhas; toma novas decisões.	Jogos estratégicos (salvar um grupo que está perdido em uma floresta; decidir se a cidade deve aceitar construir um depósito de lixo tóxico ou não etc.); diagnósticos médicos; simuladores (piloto de avião, comandante de um submarino etc.).

(continua)

Jogos	Competitividade; prática orientada, mas lúdica; permite trabalho individual ou em grupos.	Determina limites; orienta o processo; monitora resultados.	Atua como competidor, juiz ou marcador.	Aprende e desenvolve habilidades, estratégias e análise de fatos; avalia escolhas e decisões; compete com o computador.	Jogos matemáticos; jogos com vocabulário (forca, caça-palavras etc.); jogos de reação rápida que exigem percepção visual e domínio do teclado.
Resolução de problemas	Trabalha com dados; sistematiza informações; executa cálculos com rapidez e precisão.	Avalia problemas; verifica resultados.	Apresenta o problema; elabora os dados; mantém os dados; fornece retorno (*feedback*).	Define o problema; elabora uma solução; lida com variáveis; aprende com tentativa e erro.	Jogos como Banco Imobiliário, solução de mistérios; jogos temáticos; jogos criativos com cores, formas, abstracionismo e concretismo; jogos corporativos.
Tutorial	Apresentação de novas informações; ensina conceitos e princípios; fornece instruções para correção.	Seleciona o material; adapta as instruções; monitora.	Apresenta informações; formula perguntas; fornece orientação para correções; resume os pontos principais; armazena resultados obtidos.	Interage com o computador; visualiza resultados; responde a perguntas; formula perguntas.	Aprendizado e treinamento de procedimentos; treino de rotinas de laboratório, de escritório, de operação de maquinário, de experiências científicas virtuais.

(*Quadro 4.3 – continua*)

(Quadro 4.3 – conclusão)

Drill e prática	Trabalha com conteúdo já aprendido; revisa fatos e terminologia essenciais; variedade de questões e formatos; práticas repetidas de pergunta/resposta (conforme necessário).	Fornece instruções anteriores a atividade; seleciona o material; escolhe práticas conforme as necessidades de cada aluno; verifica o progresso dos alunos.	Questiona o aluno; avalia a resposta do aluno; fornece *feedback* imediato (com explicação, caso o aluno erre); registra o progresso do aluno.	Pratica o conteúdo anteriormente estudado; responde a perguntas; recebe confirmação ou correção à sua resposta; escolhe o conteúdo e o nível de dificuldade que pretende trabalhar.	Vocabulário de partes da casa, escola, cidade etc.; pensamento lógico-matemático; elaboração de processos produtivos ou construtivos.

Engana-se quem imagina que esse grau de evolução tecnológica e sua aplicação ao ensino de línguas já são satisfatórios.

Os microprocessadores, minúsculas placas de silício que contêm todas as informações processuais antes contidas nos antigos computadores do tamanho de uma sala, permitiram maior agilidade, capacidade de armazenamento e expansão de características, como alteração de cores, formas, movimentação de desenhos e, mais recentemente, *video games* – jogos interativos que permitem "desafiar" o computador, jogar em dupla e em rede (como nas *lan houses* – casas de locação de tempo de uso de computadores que possuem tais jogos instalados). Além disso, assim como com os documentos e outros programas, é possível gravar um jogo para poder continuá-lo no dia seguinte ou em outro período em que se possa voltar a executá-lo.

Sua aplicação no processo de ensino-aprendizagem favorece, especialmente, os alunos de língua inglesa, pois é nesse idioma que a maioria dos programas é formada. Contudo, há vários especialistas – técnicos, educadores, linguistas e psicólogos – que trabalham arduamente para desenvolver jogos similares ou traduzir os originais para outros tantos idiomas, afinal, aprender é preciso – independentemente do idioma que se fala ou que se quer aprender.

A combinação de elementos de áudio e vídeo favoreceu o surgimento dos laboratórios multimídia, anteriormente chamados de centros de aprendizagem de língua assistida por computador – CALL *Centers, computer assisted language learning.*

A utilização de laboratórios de multimídia, por meio de jogos, internet e vários outros programas gravados em CD ou CD-ROM contempla, alternada ou concomitantemente, abordagens cognitivas (a aprendizagem de uma linguagem é um ato psicolinguístico individual) (Chomsky, 2002) e sociocognitivas (a aprendizagem e a aquisição de uma língua são vistas como um processo social que ocorre em uma certa comunidade) (Schieffelin; Ochs; Gee, 2006).

Tecnologias que dão suporte à abordagem cognitiva de aprendizagem de língua são aquelas em que os alunos têm a máxima oportunidade de estar expostos ao idioma em um contexto significativo e no qual possam construir seu próprio conhecimento, como os programas que permitem a construção ou a reformulação de um texto e o preenchimento de lacunas (que requer um processo mental de construção e análise da língua). Certamente, tais atividades poderiam ser executadas com papel e lápis, mas o uso do computador facilita e agiliza o processo para ambos – aluno e professor.

Na perspectiva sociocognitiva, temos alunos expostos à interação social autêntica, não apenas de conteúdo compreensível como em sala de aula e, sendo assim, eles terão de praticar (e aprender) os mais variados tipos de comunicação que a convivência em sociedade oferece. Atividades típicas são a elaboração de projetos ou a troca de experiências com alunos de outras escolas – um verdadeiro intercâmbio intelectual e cultural.

A utilização de vídeos (em formato VHS ou DVD) como recurso visual tem contribuído muito para o processo de ensino-aprendizagem, pois combina favoravelmente educação e entretenimento. Adeptos concordam que os vídeos estimulam o interesse do aluno em adquirir a L2, bem como em incorporar aspectos culturais com os quais se identifique (Stempleski; Tomalin, 1994). Contudo, cabe ao professor esclarecer que mesmo que algo possa parecer interessante, engraçado, estranho, certo ou errado, não significa que possa ser necessariamente incorporado de pronto à sua realidade. Vale prevalecer-se do bom-senso ao analisar as possibilidades que o ambiente e toda a estrutura social em que o aluno está inserido oferecem para a incorporação ou não de um novo hábito.

A globalização pressupõe uma interatividade e uma mobilidade comunicativa instantâneas para um sem-número de atividades, tais como: controle de abastecimento ou baixa de estoques; comunicação de pedidos ou remessas de bens; transmissão de relatórios, contratos e pareceres; reservas de voo e de quartos de hotel; confirmação ou não em uma reunião, até a participação virtual em uma reunião em um ponto distante do seu ou sua presença em uma aula de educação continuada, pós-graduação e idiomas, seja via teleconferência (sistema de comunicação telefônica estabelecida entre duas ou mais partes que, por meio de uma senha fornecida por uma empresa de telecomunicações, que pode manter sua reunião sem ter de se deslocar do seu ambiente de trabalho) ou videoconferência (sistema semelhante ao da teleconferência, porém via computador e câmera de vídeo – *web cam*), o VoIP (*Voice over IP Technology*) e o Skype (sistemas computadorizados de interação em tempo real que permitem escolher entre "conversas" digitadas ou em viva-voz, com ou sem o uso da imagem – *web cam* –, envio e recepção de arquivos de texto e imagem) têm sido muito utilizados, tanto para assuntos pessoais (conversas com familiares e amigos distantes) quanto para fins comerciais (reunião, apresentação, debate ou uma aula), aplicação que a autora desta obra já atribui a esses equipamentos e que estão amplamente divulgados para conhecimento geral nas páginas da internet.

A modernidade e o alto custo de vida têm possibilitado uma gama de programas computadorizados de livre acesso, bastando, em alguns casos, fazer um rápido registro de nome, poucas informações pessoais e endereço eletrônico. É o caso de *sites* (páginas virtuais) de jogos e atividades, de tradução instantânea de palavras ou sentenças, de atividades de aprendizagem linguística, de aprendizagem e prática para tocar piano, de leitura de livros virtuais (alguns até possibilitam "salvar" o arquivo – armazená-lo na memória do computador, disquete ou CD), de jogos que reforçam conceitos matemáticos, físicos, artísticos, históricos, geográficos, de aprendizagem lúdica, de acesso a bibliotecas das mais variadas universidades e centros de pesquisa (desde que estes ofereçam tal abertura) e de entretenimento.

Equipamentos como os celulares de última geração (com câmeras digitais que permitem tirar, armazenar e enviar fotos, gravar e enviar pequenos vídeos, enviar e receber mensagens de texto e imagem, enviar e receber *e-mails*), o MP3 (arquivo portátil que armazena e toca músicas descarregadas da internet ou de um CD, e que precisa de fone de ouvido), o iPod (acessório portátil, com visor, que armazena músicas e jogos e requer o uso de fone de ouvido), o MP4 (arquivo portátil, com visor, para armazenamento de músicas, fotos e vídeo – os jogos já vêm gravados e não se precisa de fone de ouvido para escutar as músicas ou acompanhar os jogos), e o MP5 (que possui as características do MP4, mas também tira fotos), possibilitam ao professor e ao aluno trocarem, reforçarem, expandirem e diversificarem conteúdos programáticos, sempre lembrando de que o aprendizado e o desenvolvimento educacional autêntico se dão, de fato, quando há a participação genuína do aluno, que a educação não se faz por meio da transmissão de conteúdos de uma pessoa A para uma pessoa B ou de A sobre B, mas sim quando há interação entre A e B, em que A e B podem ser professor e aluno, alternadamente, ou dois alunos de uma mesma sala e nível ou não.

Concordamos, entretanto, que nem sempre todo esse acesso e flexibilização são tão fáceis quanto gostaríamos que fossem e, principalmente, na maioria dos casos, não temos respaldo físico nem financeiro para trazer um mundo de informações até os nossos alunos. Contudo, a necessidade de investir na educação é fundamental e eterna. Pondere: se não fosse a insistência de todos os nossos ancestrais, onde estaríamos hoje? Certamente não nos encontraríamos nestas páginas, pois não teríamos o que dizer, e você não teria como ler.

Esperamos que a nossa viagem através do tempo, da comunicação, da tecnologia e do ensino de línguas o ajude a se livrar, ou melhor, a reverter a tradição formulada por Levy (1993), que diz que "a escola é uma instituição que há 5 mil anos se baseia no falar-ditar do mestre".

> LEVY, P. **As tecnologias da inteligência**: o futuro do pensamento na era da informática. Rio de Janeiro: Editora 34, 1993. p. 8. Nascido na Tunísia, em 1956, é mestre em História da Ciência, doutor em Sociologia e Ciência da Informação e Comunicação na Universidade de Sorbonne, França, trabalha desde 2002 como titular da cadeira de pesquisa em inteligência coletiva na Universidade de Ottawa, Canadá.

Sabemos que é difícil prever o futuro, contudo, se analisarmos o passado e considerarmos as tendências no ensino de idiomas, podemos ver que já há movimentos nesse sentido. Ainda assim, há de se cuidar para não seguir cegamente qualquer tendência sem primeiro verificar a viabilidade de aplicação desta no contexto em que professor e alunos se encontram inseridos.

4.3 Sugestões de recursos tecnológicos contemporâneos aplicados ao ensino de línguas

As possibilidades que a revolução tecnológica nos traz são inúmeras e, por isso mesmo, é preciso vislumbrar opções de como utilizar tais recursos de forma que possamos atingir os objetivos pretendidos do processo de ensino-aprendizagem.

Assim sendo, este subitem apresentará alguns dos recursos já disponíveis no Brasil e como eles podem ser incorporados às aulas.

Vale lembrar que é fundamental que todos os indicativos sejam primeiramente analisados e avaliados por você, professor, de forma que o material venha a ser apresentado após o devido preparo (pesquisa de vocabulário, correlação de expressões entre o idioma estrangeiro e o português, corte de cenas impróprias aos seus alunos). Isso feito, é só aproveitar a aula.

A atual tecnologia nos permite, por exemplo, trabalhar com:
a. **Internet**
   i. **Vídeos** – Podem ser sátiras ou vídeos caseiros, que servem de ilustração para localizações geográficas, preposições, adjetivos, advérbios, vocabulário, comentários e simulações, entre outros. Algumas sugestões são:
      ~ http://video.google.com
      ~ http://www.youtube.com
      ~ http://www.cbsnews.com
      ~ http://www.msnbc.msn.com (clicar no *link* Vídeo)
      ~ http://www.sciam.com/videonews_directory.cfm (notícias variadas)

   ii. **Atividades personalizadas** – Programas que permitem que você mesmo crie suas atividades.
      ~ http://hotpot.uvic.ca – *Hot Potatoes* – programa gratuito que permite criar testes de múltipla escolha, associação, palavras cruzadas ou pequenas redações, todos *on-line*.
      ~ http://www.rhodes.edu/psych/wetzel/testgenerator.html – criado por Chris Wetzel, é um programa que mostra como criar suas próprias atividades na internet.

   iii. **Áudio** – Gravações em áudio (algumas acompanhadas de vídeo) que permitem trabalhar a compreensão auditiva, consolidação e expansão de vocabulário e pronúncia.
      ~ http://archives.cbc.ca/index.asp?IDLan=1 – *CBC archives in Canadá* – uma coletânea de áudio e vídeo da empresa de rádio e televisão Canadian Broadcasting Corporation.
      ~ http://americanradioworks.publicradio.org/features/sayitplain/index.html – *Great African-American Speeches*, da American

RadioWorks – permite ouvir e ler o *script* de uma ampla coleção de falas famosas do século passado.

~ http://www.americanrhetoric.com – *American Speeches* – é um *site* sobre a retórica americana e inclui uma série de arquivos de áudio, vídeo e textos transcritos de falas, pregações, sermões, procedimentos legais, palestras, debates, entrevistas, trechos de diálogos de filmes e atualidades, entre outros.

~ http://www.historychannel.com/speeches – *site* do *The History Channel*, que oferece uma variedade de falas nas áreas das artes, entretenimento, cultura, política e governo.

~ http://www.historicalvoices.org – *Voices from the Twentieth Century* – esse *site* pretende oferecer a maior coletânea de gravações do século XX.

iv. **Música** – Há um considerável número de páginas na internet que oferecem tanto a possibilidade de ouvir uma música quanto de obter sua letra. O mais interessante é poder comparar as diferentes versões que existem – algumas com erros significativos, o que pode ser utilizado como uma excelente oportunidade para evidenciar que nem tudo que está na internet pode ser considerado como "verdade absoluta". Essas pesquisas e comparações permitem desenvolver um senso mais crítico e, assim esperamos, menos cópias dos *sites* de pesquisa.

Antes de trabalhar uma música com seu grupo, lembre de que há várias outras formas de trabalhar as letras além do já "velho conhecido" sistema de completar as lacunas. Substitua algumas palavras por sinônimos, antônimos, palavras homófonas (mesmo som, mas de escrita diferente), homógrafas (mesma grafia, mas de som diferente), embaralhe as sentenças, embaralhe a ordem das estrofes, ofereça alternativas para completar algumas das lacunas, faça algumas opções com verdadeiro ou falso.

Divirta-se você também com as atividades – você verá que o interesse, seu e de seus alunos, só tende a aumentar, e o conhecimento certamente será consolidado.

Vale lembrar que várias músicas podem ser baixadas e assim trabalhadas em sala de aula, mesmo sem o uso direto do computador.

v. **E-mail** – Podem ser trocados entre alunos de um mesmo grupo ou entre alunos de grupos diferentes, tendo como base um material-chave a ser trabalhado, por exemplo, folhetos informativos sobre uma cidade ou um país. Os grupos estudam sobre diferentes localidades e, revezando papéis de agentes de turismo e visitantes, eles passam a trocar informações.

Esse trabalho também pode ser executado entre grupos de diferentes escolas, uma vez que isso acrescentará um interesse especial por eles poderem fazer novos amigos e adquirir informações sobre outras partes de seu estado, país e planeta.

vi. **Sites interativos** – Voltados exclusivamente ao aprendizado e ao desenvolvimento linguístico para alunos e professores.

~ http://www.prenhall.com/sperling – desenvolvido por David Sperling, esse *site* traz um vasto número de atividades em formatos bem variados que atendem aos mais diversos níveis de proficiência.

~ http://www.efl4u.com – essa página oferece uma gama de atividades que atendem do básico ao avançado, e muitas de suas atividades podem ser impressas, de forma a reforçar seu conteúdo em sala.

~ http://www.esl-eflworld.com/ – página com disponibilidade de dicionário, rádio, projetos e uma gama de possibilidades.

~ http://cla.univ-fcomte.fr/ – *site* oficial do Centro de Linguística Aplicada da Université de Franche-Comté, contém vasta gama de atividades e informações.

vii. **Conversas** *on-line* – Há um grande número de programas gratuitos que podem ser facilmente instalados em qualquer computador (de preferência com conectividade de alta velocidade – ADSL), os quais permitem conversas ao vivo, com ou sem imagem, com ou sem o uso de microfones, mas que propiciam interatividade com falantes de outras línguas. Além da prática do idioma estudado, essa também é uma oportunidade de identificar as diferenças entre os códigos de escrita e fala formais e informais, uma vez que nesses meios o uso de simplificações e gírias é predominante.

Exemplos desses programas são: MSN Messenger, Yahoo! Messenger, ICQ, Skype (o qual também permite chamadas telefônicas via computador).

viii. **Noticiários** – Todos os grandes jornais e meios informativos possuem sua própria página na internet, e muitos também passaram a oferecer recursos para que professores possam aproveitar melhor e de uma forma didática o material neles divulgados.

Exemplos desses *sites* são:
~ CNN – http://www.cnn.com
~ Financial Times – http://financialtimes.com
~ CBS – http://www.cbsnews.com
~ BBC – http://news.bbc.co.uk/
~ Deutsche Welle – http://www.dw-world.de/
~ *Link* para noticiários do mundo todo – http://www.world-newspapers.com (clicar sobre o país que interessa)

b. **Vídeos** – VHS, DVD ou Super-8

O mais importante é lembrar que uma aula que contenha material de vídeo como base deve ser muito bem planejada e que não é, necessariamente, uma "sessão de vídeo" – a menos que seu objetivo seja o entretenimento puro e simples.

Qualquer filme que escolha trabalhar irá atender aos seus propósitos, desde que as atividades sejam bem planejadas e as instruções claras. Seu objetivo pode ser o de motivar o grupo para um novo assunto, gerar debates, analisar aspectos de linguagem não verbal, identificar semelhanças e diferenças culturais, trabalhar pronúncia e entonação, servir de suporte para uma análise crítica, comentários ou recomendações a serem afixadas em um quadro de avisos para que outros colegas saibam suas opiniões, utilizar o filme como base para a criação de uma peça teatral, promover a atenção a detalhes ou qualquer outra ideia que o professor ou seus alunos possam vir a ter. O importante é manter seus objetivos claros e alinhados com as necessidades e potencialidades suas e de seus alunos.

Como você pôde ver, vários são os recursos, muitas são as ideias a se explorar. E nós, professores, precisamos estar sempre atentos às inovações tecnológicas, pois nossos alunos, certamente, estarão sempre.

Síntese

O quarto capítulo sintetiza o desenvolvimento comunicacional e a evolução dos recursos tecnológicos aplicados ao ensino de idiomas. Ele também traz sugestões de aplicações de aparatos contemporâneos como o uso da internet, e modernos, como MP3, MP4, Skype, MSN, videoconferência e rádio *web*, bem como indicações de *links* e atividades que podem ser aplicadas em sala de aula ou designadas como *atividade complementar*.

Indicações culturais

MATRIX. Direção: Larry Wachowski e Andy Wachowski. Austrália/ EUA: Studios e Village Roadshow Pictures. Coprodução: Warner Bros., 1999. 1 DVD (136 min), widescreen, color.

X-MEN: o filme. Direção: Bryan Singer. EUA: Fox Filmes, 2000. 1 DVD (104 min), widescreen, color.

X-MEN: 2. Direção: Bryan Singer. EUA: Fox Filmes, 2003. 1 DVD (134 min), widescreen, color.

X-MEN: o confronto final. Direção: Brett Ratner. EUA: Fox Filmes, 2006. 1 DVD (104 min), widescreen, color.

MERA coincidência. Direção: Barry Levinson. EUA: Warner Bros. Studios, 1997. 1 DVD (97 min), widescreen, color.

Atividades de Autoavaliação

1. Analise as afirmativas:

    I) Diversas formas de tecnologia sempre estiveram presentes nos processos de ensino-aprendizagem.
    II) O desenvolvimento das tecnologias permitiu acúmulo, retenção, perpetuação e reprodução de informações, tanto na vida cotidiana quanto em qualquer processo de ensino-aprendizagem.
    III) Um dos primeiros relatos de material de suporte visual e sinestésico (sensorial), tal como os conhecemos hoje, data de 1905, nos Estados Unidos.

IV) O primeiro registro de ensino a distância no Brasil fazia uso do serviço dos Correios.

V) A utilização de equipamentos tecnológicos no ensino de idiomas surgiu primeiramente na área de exatas – matemática e física.

a) As alternativas I, II, IV e V são verdadeiras.
b) As alternativas I, II, III, IV e V são verdadeiras.
c) As alternativas I, II e V estão incompletas.
d) As alternativas II e IV são falsas.

2. A teoria do reforço de Skinner foi amplamente endossada pela impressão de informações em tiras que apresentavam:

a) estímulo, reposta e reforço.
b) estímulo, reforço e resposta.
c) resposta, estímulo e reforço.
d) reforço, estímulo e resposta.

3. Ordene os elementos que compõem a instrução programada:

I) sua resposta recebe um reforço por meio da imediata apresentação de resultados;
II) e, assim, cometa poucos erros e pratique, principalmente, respostas corretas;
III) uma sequência ordenada de estímulos;
IV) de forma que ele (o aluno) avance a pequenos passos;
V) para qual cada um dos alunos apresenta uma resposta específica;
VI) do que ele conhece, por meio de um processo de aproximação sucessiva em direção ao que se espera que ele aprenda do programa;

a) I, II, V, VI, IV, III.
b) V, III, IV, I, II, VI.
c) III, V, I, VI, II, IV.
d) II, V, I, IV, VI, III.

4. Postlethwaite migrou da tecnologia instrucional, que focava o aprendizado abstrato (aulas discursivas), para um sistema integrado de multimídia, que enfatizava a experiência concreta (teoria reforçada por meio de *slides*, filmes, fotografias e material real).

É possível afirmar que:

a) com o advento de tecnologias cada vez mais elaboradas, o papel do professor passou a ser de menor importância no processo de ensino-aprendizagem.
b) o desenvolvimento tecnológico facilitou o trabalho e o preparo das aulas para todos os professores, especialmente porque a maioria dos jovens parece já nascer sabendo operar a internet, por exemplo.
c) a inserção de novas tecnologias no ambiente de ensino-aprendizagem de línguas trouxe novos desafios e papéis aos professores, dentro e fora da sala de aula.
d) independente de qualquer avanço tecnológico, a função das aulas e os papéis de professores e alunos permanecerão sempre os mesmos.

5. Com o surgimento e a ampliação das novas tecnologias apareceram, também, novos termos – essencialmente em inglês, já que este é o idioma de origem de muitos equipamentos e processos. Fica claro, então, que:

a) É preciso criar termos equivalentes, para que estrangeirismos não perturbem a ordem de aprendizagem de outra língua estrangeira que não o inglês.
b) Não é possível trabalhar de forma construtivista operando equipamentos e programas que não permitem a tradução de todas as funções.
c) É fundamental que a instituição e os profissionais de ensino deem total atenção e preparo para que seu uso seja adequado ao estilo e ritmo de aprendizagem de seus alunos.
d) É papel único e exclusivo da instituição providenciar treinamento e atualizações para que o professor possa operar adequadamente as novas tecnologias.

Atividade de Aprendizagem

Faça o seguinte exercício: imagine ter preparado um conjunto de 3 ou 4 atividades fazendo uso de recursos tecnológicos como CD-*player*, vídeo (ou DVD) e computador.

a) Quais as possíveis alternativas de que você poderia dispor se houvesse queda no sistema elétrico?
b) Como você poderia adaptar determinadas atividades contando com o auxílio de seus alunos?
c) Suas adaptações ainda possibilitariam suporte cognitivo aos seus alunos? Em caso negativo, como poderia reverter esse quadro?

Atividade Aplicada: Prática

Com base nos recursos tecnológicos apresentados neste livro:
a) Identifique primeiramente atividades que você poderia executar para o seu próprio desenvolvimento linguístico.
b) Identifique junto ao corpo docente com o qual você trabalha quais usos de recursos tecnológicos podem favorecer trabalhos interdisciplinares.
c) Investigue quais as outras possibilidades de trabalhar com os diversos recursos junto aos seus grupos de alunos.

Considerações finais

A comunicação e a tecnologia aplicadas ao ensino de línguas não devem ser vistas como uma panaceia que demanda tempo, comprometimento e recursos financeiros sem apresentar resultados garantidos.

Muito pelo contrário, se a combinação desses elementos for implementada de forma a beneficiar os alunos, promovendo envolvimento genuíno, formulação ou reformulação de conteúdo com ênfase nos processos de ensino-aprendizagem que contemplem as necessidades, estaremos rumo a uma construção de conhecimento positiva, sólida e frutífera, o que permitirá a nossos alunos se integrarem e agirem sobre a comunidade em que estão inseridos, mesmo sendo esta pequena e geograficamente distante, ou uma grande metrópole.

A cumplicidade de um bom equilíbrio entre os métodos e as abordagens de ensino e as possibilidades oferecidas pela tecnologia propiciam oportunidades inigualáveis para um aprendizado autônomo, e ajudam não só professores e alunos a transcender fronteiras linguísticas, geográficas e temporais, mas também permitem construir pontes entre culturas e programas de desenvolvimento humano, pessoal e profissional.

O ensino e a aprendizagem de uma língua são atos de criatividade, imaginação, exploração de possibilidades, expressão, construção e aprofundamento na colaboração social e cultural. Se utilizarmos a tecnologia para humanizar e potencializar esses atos, em vez de automatizá-lo vamos extrair o melhor que a raça humana e as máquinas têm a oferecer, afinal, o processo de ensino-aprendizagem deve continuar sendo cultivado como uma via de duas mãos.

É preciso, igualmente, lembrar que assim como os profissionais do ensino podem ser grandes motivadores, incansáveis guias pelos caminhos do saber, modelos de caráter e perseverança, é fundamental o papel que cabe a cada um de nós e de nossos alunos em sua busca de crescimento intelectual. Afinal, adaptar-se a um mundo em constante transformação é essencial à sobrevivência humana.

Glossário

Código: grupo de indicações que regulam a forma escolhida para expressar-se.

Comunicação discursiva: sequência regrada de unidades verbais orais ou escritas, como, por exemplo, um poema, uma frase.

Comunicação não discursiva: comunicação não verbal apresentada e entendida em um todo, como o gesto de uma mão acenando, um quadro, uma fotografia.

Criptoanalista: analista de mensagens criptografadas (codificadas).

Paradigmas: são listas de formas e estruturas organizadas segundo um padrão gramatical.

Glossário

Referências

ANDRADE, P. F. **A utilização da informática na escola pública brasileira (1970-2004)**. Brasília: MEC / Programa Nacional de Informática Educativa, 1996.

ARTONI, C. O som também é nosso. **Revista Galileu**, São Paulo, n. 165, abr. 2005.

BARNEY, S. S.; LAU, L. K. **Distance Learning Technologies**: Issues, Trends and Opportunities. New York: IGI Global, 2000.

BROWN, H. D. **Principles of Language Learning and Teaching.** 4. ed. New Jersey: Pearson, 2000.

_____. **Teaching by Principles**: an Interactive Approach to Language Pedagogy. 2. ed. New York: Longman, 2000.

BYRNES, J. P. **Minds, Brains, and Learning**: Understanding the Psychological and Educational Relevance of Neuroscientific Research. New York: The Guilford Press, 2001.

CELCE-MURCIA, M. **Teaching English as a Second or Foreign Language.** Boston: Heinle & Heinle, 2001.

CHOMSKY, N. **Knowledge of language**: Its Nature, Origin, and Use. New York: Praeger, 1986.

_____. **On Nature and Language.** New York: Cambridge University Press, 2002.

CROWDER, N. On the Difference Between Linear and Intrinsic Programming. **Phi Delta Kappan**, Bloomington, v. 44, p. 250-254, 1963.

ELLSON, D. G. **Improving the Productivity of Teaching**: 125 Exhibits. Bloomington: Phi Delta Kappan, 1986.

FAGUNDES, L.; SATO, L. S.; MAÇADA, D. L. **Aprendizes do futuro**: as inovações começaram. Brasília: MEC/SEED/Proinfo, 1999. (Coleção Informática para a Mudança em Educação).

FERREIRA, A. B. de H. **Novo Aurélio Século XXI** – O Dicionário da Língua Portuguesa. 3. ed. Rio de Janeiro: Nova Fronteira, 1999.

Fundação Roberto Marinho. **Telecurso 2000**. Disponível em: <http://www.frm.org.br/main.asp>. Acesso em: 28 mar. 2008.

Gagné, R. M. et al. **Principles of Instructional Design**. 5. ed. Belmont: Wadsworth Publishing, 2004.

Gee, J. P. **Social Linguistics and Literacies**: Ideology in Discourses. London: Taylor & Francis, 2006.

Grasseti, B. et al. Infográfico: a história da comunicação. **Revista Super Interessante**, São Paulo, n. 209, jan. 2005.

Harrison, G. V. **Beginning Reading 1**: a Professional Guide for the Lay Tutor. Provo: Brigham Young University Press, 1972.

Holmes, D. **Comunication Theory**: Media, Technology and Society. London: Sage Publications, 2005.

Howatt, A. **A History of English Language Teaching**. Oxford: Oxford University Press, 1984.

Hubbard, P. et al. **A Training Course for TEFL**. Oxford: Oxford University Press, 1985.

InfanTV. **Sítio do Pica-Pau Amarelo, Topo Gigio, Vila Sésamo**. Disponível em: <http://www.infantv.com.br/vilasesamo.htm>. Acesso em: 19 jul. 2007.

Instituto Universal Brasileiro. **Supletivo oficial a distância**. São Paulo. Disponível em: <http://www.institutouniversal.g12.br>. Acesso em: 19 jul. 2007.

JAEGER, W. **Paideia**: the Ideals of Greek Culture. Oxford: Oxford University Press, 1986.

JAKOBSON, R. **Linguística e comunicação**. São Paulo: Cultrix, 2001.

JAKOBSON, R.; HALLE, M. **Fundamentals of Language**. Berlin: Walter de Gruyter, 2002.

JONASSEN, D. H.; CAMPBELL, J. P.; DAVIDSON, M. E. Learning with Media: Restructuring the Debate. **Educational Technology Research and Development**, Berlin, v. 42, n. 2, p. 31-40, jun. 1994.

KA-HO MOK. **Centralization and Decentralization**: Educational Reforms and Changing Governance in Chinese Societies. Hong Kong: Comparative Education Research Centre, 2004.

KELLER, S. F. **Aprendizagem**: teoria do reforço. São Paulo: Editora Pedagógica e Universitária, 1973.

KRASHEN, S. **Principles and Practice in Second Language Acquisition**. Oxford: Pergamon, 1982.

_____. **Second Language Acquisition and Second Language Learning**. Oxford: Pergamon, 1981.

_____. **The Natural Approach**: Language Acquisition in the Classroom. Oxford: Pergamon, 1996.

LARSEN-FREEMAN, D. **Techniques and Principles in Language Teaching**. 2. ed. Oxford: Oxford University Press, 2000.

LASSWELL, H. D. **Politics Who Gets What, When and How**. New York: Peter Smith Publisher, 1990.

Levy, P. **As tecnologias da inteligência**: o futuro do pensamento na era da informática. Tradução de Carlos Irineu da Costa. Rio de Janeiro: Editora 34, 1993.

Lewis, M. **The Lexical Approach**. England: Language Teaching Publications, 1993.

Littlewood, W. **Foreign and Second Language Learning**: Language Acquisition Research and Its Implications for the Classroom. Cambridge: Cambridge University Press, 1984.

Marrou, H. I. **A History of Education in Antiquity**. Madison: University of Wisconsin Press, 1982.

Mascull, B. **Market Leader**: Intermediate Business English. [S.l.]: Longman, 2001. (Teacher's Resource Book).

McLuhan, M. **Understanding Media**: the Extensions of Man, a Critical Edition. Corte Madera: Gingko Press, 2003.

Nattinger, J. R. N.; Decarrico, J. S. **Lexical Phrases and Language Teaching**. Oxford: Oxford University Press, 1992.

Náufrago. Direção: Robert Zemeckis. EUA: 20th Century Fox, 2000. 1 DVD (144 min), widescreen, color.

Nunan, D. **Designing Tasks for the Communicative Classroom**. New York: Cambridge University Press, 1989.

_____. **Language Teaching Methodology**: Textbook for Teachers. New York: Prentice Hall, 1991. (Language Teaching Methodology Series).

Nunan, D. **Task-Based Language Teaching**. Cambridge Language Teaching Library. New York: Cambridge University Press, 2005.

Papert, S. **Mindstorms**: Children, Computers and Powerful Ideas. New York: Basic Books, 1993.

_____. **The Children's Machine**: Rethinking School in the Age of the Computer. New York: Basic Books, 1994.

Piaget, J. **Psychology of Intelligence**. London: Routledge, 2001.

_____. **The Psychology of the Child**. London: Routledge, 2000.

Postlethwaite, S. N. Using Science and Technology to Teach Science and Technology. **Engineering Education**, [S.l.] v. 74, n. 4, p. 204-209, jan. 1984.

_____. Principles Behind the Audio-Tutorial System. **NSPI Journal**, [S.l], p. 3-18, 1978.

Pumain, D. **Hierachy in Natural and Social Sciences**. Dordrecht: Kluwer-Springer, 2005. (Methodos Series).

Rapaport, R. **Manual de orientações importantes aos alunos**. Material institucional da escola de idiomas CEL®LEP, Curitiba, 1999.

Reiser, R. A. Instructional Technology: a History. In: Gagne, R. M. **Instructional Technology**: Foundations. New Jersey: Lawrence Erlbaum, 1987. p. 11-48.

Reiser, R. A.; Dempsey, J. V. **Trends and Issues in Instructional Design and Technology**. 2. ed. New Jersey: Prentice Hall, 2006.

RICHARDS, J. C.; RODGERS, S. **Approaches and Methods in Language Teaching**. New York: Cambridge University Press, 2001.

_____. **Approaches and Methods in Language Teaching**: a Description and Analysis. 2. ed. New York: Cambridge University Press, 2001.

RICHARDS, J. C; RODGERS, S; RENANDYA, W. A. (Ed.). **Methodology in Language Teaching**: an Anthology of Current Practice. New York: Cambridge University Press, 2002.

RUESCH, J. **Knowledge in Action**: Communication, Social Operations and Management. New York: Jason Aronson, 1975.

RUESCH, J. ; KEES, W. **Nonverbal Communication**: Notes on the Visual Perception of Human Relations. Berkeley: University of California Press, 1972.

SAETTLER, P. **A History of Instructional Technology**. New York: McGraw-Hill, 1968.

SANDYS, J. E. **A History of Classical Scholarship**. New Castle: Oak Knoll Press, 1999.

SCHIEFFELIN, B. B.; OCHS, E. Language Socialization. **Annual Rewiew of anthropology**, Palo Alto, v. 15, p. 163-191, out. 1986.

_____. **Language Socialization Across Cultures (Studies in the Social and Cultural Foundations of Language)**. New York: Cambridge University Press, 1987.

SCHIEFFELIN, B.B; OCHS, E.; GEE, J. P. **Social Linguistics and Literacies**: Ideology in Discourses. London: Taylor & Francis, 2006.

Schramm, W. **Programmed Instruction**: Today and Tomorrow. New York: Fund for the Advancement of Education, 1962.

_____. Procedures and Effects of Mass Communication. In: Nelson, H. B. (Ed.). **Mass Media and Education**: Fifty-Third Yearbook of the National Society for the Study of Education – Part II. Chicago: University of Chicago Press, 1954.

Scrivener, J. **Learning Teaching**. Oxford: Heinemann, 2005. (The Teacher Development Series).

Seyfer, C.; Russel, J. D. **Computer Managed Instruction Development**: Performance and Instruction. [S.l.]: Wiley Periodicals, 2001.

Shannon, C.; Weaver, W. **The Mathematical Theory of Communication**. Champaign: University of Illinois Press, 1949.

Shepherd, G. J.; St. John, J.; Striphas, T. **Communication as...**: Perspectives on Theory. Thousand Oaks: Sage Publications, 2005.

Shuell, T. J. Cognitive Conceptions of Learning. **Review of Educational Research**, New York. v. 56, n. 4, p. 411-436, 1986.

Silva, M. **Sala de aula interativa**. Rio de Janeiro: Quartet, 2001.

Skinner, B. F. The Science of Learning and the Art of Teaching. **Harvard Educational Review**, Cambridge, v. 24, p. 86-97, 1954.

_____. **Reflections on Behaviorism and Society**. Englewood Cliffs: Prentice Hall, 1978.

Stempleski, S.; Tomalin, B. **Cultural Awareness**. Oxford: Oxford University Press, 1994.

TERRELL, T. **Deux Mondes**: a Communicative Approach. New York: McGraw Hill, 2002.

TRIPP, S. D.; ROBY, W. B. Auditory Presentation and Language Laboratories. In: JONASSEN, D. H. (Ed.). **Handbook of Research for Educational Communications and Technology**. New York: Simon & Schuster Macmillan, 1996. p. 821-850.

WEIL, P.; TOMPAKOW, R. **O corpo fala**. Rio de Janeiro: Vozes, 2001.

WILLIAMS, M.; BURDEN, R. L. **Psychology for Language Teachers**: a Social Constructivist Aproach. Cambridge: Cambridge University Press, 1997.

WILLIS, J. **A Framework for Tasked-Based Learning**. London: Longman, 1996.

WILLIS, J.; WILLIS, D. **Challenge and Change in Language Teaching**. Oxford: Heinemann, 1996.

WOODY, T. **Life and Education in Early Societies**. New York: Hafner Publishing, 1970.

Gabarito

Capítulo 1

Atividades de Autoavaliação

1. d
2. b
3. a
4. c
5. d

Capítulo 2

Atividades de Autoavaliação

1. a
2. d, c, a, b
3. d
4. b
5. b, a, c, d

Capítulo 3

Atividades de Autoavaliação

1. c
2. a
3. d
4. c
5. d

Capítulo 4

Atividades de Autoavaliação

1. b
2. a
3. c
4. d
5. c

Nota sobre a autora

Ruth Rapaport é natural de São Paulo (SP), mas sua língua materna é o alemão. Em 1984, formou-se em Licenciatura Plena em Inglês pela Pontifícia Universidade Católica de São Paulo (PUCSP), possui o certificado do Teacher Development Course da Antioch College, em Ohio, EUA (1996), especialização em Pedagogia nas Organizações (2001) e MBA em Gestão de Pessoas (em curso), estes dois últimos pelo Instituto Brasileiro de Pós-Graduação e Extensão (Ibpex), Curitiba (PR), e é examinadora pela University of Cambridge Local Examinations Syndicate (Ucles) – Oral Examiner ID HK94KD.

Sua atividade profissional conta com mais de 20 anos de experiência e compreende consultoria e assessoria em idiomas junto a empresas, bem como lecionar em cursos de graduação do Grupo Uninter.

Os papéis utilizados neste livro, certificados por instituições ambientais competentes, são recicláveis, provenientes de fontes renováveis e, portanto, um meio responsável e natural de informação e conhecimento.

FSC
www.fsc.org
MISTO
Papel produzido a partir de fontes responsáveis
FSC® C107644

Impressão: Gráfica Mona
Dezembro/2017